D1510569

Afin de vous informer de toutes ses publications, Marabout édite des catalogues régulièrement mis à jour. Vous pouvez les obtenir gracieusement auprès de votre libraire habituel.

Margot Saint-Loup

TOUS LES SECRETS POUR CONNAÎTRE LE PLAISIR À CHAQUE FOIS

•MARABOUT•

Sommaire

Avant-propos

43 % des femmes préfèrent une bonne nuit de sommeil à une fougueuse nuit d'amour, nous révèle un sondage récent. Ce chiffre m'a laissée entre stupeur et désolation. Si 57 % d'entre elles choisissaient l'hypothèse inverse ! Mais que nenni ! Près de 20 % des femmes interrogées ne daignent même pas se prononcer.

C'est donc fort abattue que je me suis rendue à ce que j'appelle un de nos « dîners de filles ». Une fois par mois, nous délaissons nos hommes pour nous retrouver entre nous, à l'occasion d'une soirée de fous rires et de complicité. Sans tabou, nous parlons de tout, de rien et, bien entendu, principalement de nos hommes. D'ordinaire, ces retrouvailles me réjouissent ; hélas, les dernières en date m'ont achevée...

Quand j'annonçai à mes adorables copines ce scoop navrant sur les préférences nocturnes de nos compatriotes, elles me dévisagèrent, visiblement étonnées par ma réaction. Véronique, qui venait de fêter ses sept ans de vie commune, était plutôt fière de franchir ce cap réputé fatidique, même si, m'avoua-t-elle, « il ne faut pas se faire d'illusion, ce n'est pas tous les jours la fête. On peut même dire qu'au lit, ça manque cruellement de saveur. La passion, le grand frisson, c'était bon au début, mais après sept ans, "bonjour la routine"! Nous nous connaissons par cœur et, pour les surprises, on peut toujours attendre ! »

Désemparée par cet aveu, je me tournai vers mes autres compagnes. « Sept ans, c'est long, me disai-je. Mais Catherine, elle, n'a que deux années de vol... » Erreur ! Catherine aussi commençait à s'ennuyer et à regretter ses folles nuits d'antan ! Idem pour Sophie, Claire, Sandrine et Laetitia... En soupirant, toutes constataient l'usure du désir, comme s'il se fût agi d'une fatalité inéluctable. Et dans leurs propos mi-désabusés, mi-amers, je décelai une triste résignation, une philosophie à la noix de cajou : c'est comme ça, c'est inévitable, il n'y a rien à faire, rien à tenter, toute lutte est vaine... Elles apprenaient donc à faire avec – c'est-à-dire à faire sans !

La jouisseuse que je suis sentait le vent de la révolte lui exciter les neurones. La curiosité me chatouillait : mes petites camarades avaient une tendance prononcée à rendre leurs compagnons responsables de cette dégradation de leur sexualité. Mais eux, que pensaient-ils de tout ça ? Ressentaient-ils la même déliquescence du désir et en rejetaient-ils la responsabilité sur le dos (et le corps tout entier) de leur compagne ?

Je pris donc rendez-vous avec chacun d'eux – séparément, pour les pousser plus volontiers à la confidence et à la franchise car, en comité, ces mâles font preuve d'une nette tendance à la vantardise et à la fanfaronnade ; tandis que seuls avec une femme, à condition qu'elle sache les prendre (en tout bien tout honneur, cela va de soi), ils se montrent davantage sincères. Hélas, mon rapide tour d'horizon me plongea dans le même abattement. Côté hommes, même fatalisme et même tendance à attribuer la faute à la partenaire. La situation m'apparut grave, mais loin d'être désespérée : en effet, outre le constat de l'érosion, les unes et les autres rêvaient parallèlement de retrouvailles et de corps à cœur enfiévrés, de feux d'artifices charnels, de fêtes sensuelles avec un(e) partenaire aimé(e), mais devenu(e) incapable du moindre effort pour rallumer la flamme du plaisir éteint.

Qu'est-ce que cela signifiait ? J'étais face à une énigme.

Certes, les premières fois possèdent un charme particulier, placées sous le signe de la nouveauté, de la curiosité, de l'excitation que procure l'inconnu(e) découvert(e) avec une gourmandise que l'on espère insatiable.

Mais, enfants de la société de consommation, nous nous lassons trop vite de nos joujoux. Nous faisons rimer habitude avec lassitude ! Et si, au contraire, le plaisir était affaire de connaissances ? Pas seulement de connaissances techniques – certes indispensables –, mais aussi de connaissance de l'autre, partenaire d'élection, dont chaque parcelle de peau, chaque recoin du corps nous devrait être familier. Car c'est de cette connaissance presque parfaite, mais jamais définitive, que nous pouvons tirer le meilleur parti – et la meilleure des jouissances.

C'est en tout cas ce que ce livre entend prouver. Partant du principe bien connu selon lequel « c'est dans les vieux pots que l'on fait les meilleures sauces » (et tant pis si, à première vue, cela paraît manquer d'érotisme), il n'a d'autre prétention que de vous livrer tous les secrets d'une relation amoureuse épanouie. Passé les premières semaines, les premiers mois et même les premières années, la sexualité de votre couple doit mériter encore la mention « très bien » et ne pas se contenter du « passable », voire du « franchement insuffisant »... Nous pouvons tous mieux faire.

Pour ma part, je suis bien trop amoureuse de l'amour pour me laisser aller à l'apathie et à l'abdication. Jacques Brel chante qu'« il faut bien que le corps exulte ». Une fois de plus, le poète a raison. Je ne saurais donc accepter que, sous prétexte de routine et de répétition, s'installent l'ennui, le devoir et la contrainte... par corps. Je vis depuis six ans avec un homme que j'adore, et je crois pouvoir affirmer, sans me vanter, que jamais nous ne nous sommes soumis à de laborieux devoirs conjugaux, la corde au cou. J'ai certes la chance d'aimer un homme qui goûte autant que moi les plaisirs de la chair, qui sont aussi ceux de l'âme et de l'esprit. Et lui comme moi, nous ne ménageons pas nos efforts pour que « ça marche ». Nous en parlons, nous en rions, nous nous y adonnons lorsque nous en avons envie et, après plus d'un lustre de ce régime, nous sommes parvenus à cette lumineuse conclusion : c'est de mieux en mieux !

Exceptionnel ? Pas du tout ! Au cours de ces six années, nous avons d'ailleurs connu, ne nous le cachons pas, ce qu'il convient d'appeler des creux, des absences, des ratés, des "coups de canif"... mais ni lui ni moi n'avons pu nous résoudre à trouver cela normal et à accepter que nos gémissements de satisfaction se transforment en soupirs de lassitude, sonnant le glas prématuré de nos étreintes. Et, si nous en sommes capables, vous l'êtes également !

« Cent fois sur le métier remettez votre ouvrage », a écrit Boileau, qui n'avait sans doute pas en tête les mêmes idées que les nôtres. Mais qu'importe, la formule vaut aussi pour notre préoccupation majeure : le plaisir toujours recommencé, au fil des jours et des nuits, sans lassitude, avec ce qu'il faut de frissons pour nous conduire, ensemble ou en léger différé, vers les horizons indéfiniment renouvelables de l'orgasme multiforme.

Comment utiliser ce livre?

Madame, monsieur, ce livre est fait pour vous, qui vivez l'un avec l'autre, l'un à côté de l'autre, et qui commencez à percevoir un certain essoufflement de votre passion.

Vous qui refusez toutefois d'admettre que le plaisir est passager et périssable. Vous qui avez envie de connaître, chaque fois, des sommets de jouissance partagée.

Vous pouvez lire ce livre chacun dans votre coin, en cachette l'un de l'autre, afin de réserver des surprises à votre partenaire. Vous pouvez aussi le lire ensemble, bien au chaud sous la couette (ou ailleurs), et passer aux travaux pratiques dès que le besoin et le désir s'en feront sentir.

En solo ou en duo, vous devez rester libre de choisir votre méthode de lecture.

Vous pouvez le dévorer de la première à la dernière page avec une application qui vous honorera, et suivre ainsi la progression logique du corps à corps. Vous pouvez également picorer, musarder au gré de vos envies et de vos humeurs, vous arrêtant où bon vous semble pour approfondir les points demandant une attention particulière.

Des femmes et des hommes comme vous et moi ont accepté de me raconter leur expérience. Ils vous tendent un miroir, dans lequel chacun(e) d'entre vous est libre ou non de se reconnaître. En tout état de cause, leurs propos renvoient toujours à un aspect fondamental de la relation amoureuse. Ils ont valeur d'exemple (ou de contre-exemple) et devraient vous permettre de retrouver les chemins du plaisir.

Secret n° 1

Connaître et aimer son corps
(le sien et le vôtre)

Dans nos sociétés libérales occidentales, force est de constater qu'en matière d'éducation sexuelle nous avons fait de remarquables progrès. Nous savons désormais que, malgré les apparences, les enfants ne naissent pas dans les choux, mais qu'ils ont néanmoins besoin d'une graine pour se développer. Nous connaissons même le nom de cette fameuse graine : le spermatozoïde.

Avec ce minimum de connaissances, il est déjà possible de procréer, ce qui n'est pas rien. Mais limiter la sexualité à la reproduction de l'espèce est à peu près aussi réducteur que de confondre le monde entier avec le village où l'on est né !

Loin de moi l'idée d'aller à contre-courant des politiques natalistes prônées par les gouvernements de pays en proie à un vieillissement inquiétant de leur population : mon unique ambition, en réalité, consiste à redonner à la sexualité son entière dimension, celle du plaisir accompli. Car s'il est important de repeupler la France, il existe mille façons de le faire.

Le plaisir se découvre, s'apprivoise, s'améliore, se renouvelle, mais il a besoin pour accomplir ces miracles d'un instrument privilégié : le corps. Il est, en cela, comparable à la musique : on peut apprendre par cœur quelques mélodies de piano et les répéter indéfiniment, mais on risque de se lasser. Tandis que si l'on veut bien prendre la peine de se familiariser avec le piano, de comprendre comment il fonctionne et de retenir quelques rudiments de solfège, il y a fort à parier qu'on découvrira des airs insoupçonnés, qu'on se permettra des improvisations audacieuses... et le plaisir en sera ainsi décuplé.

Ainsi est-il indispensable de bien connaître son corps et celui de l'autre. Et il convient ici de rappeler des notions d'anatomie, souvenirs lointains de nos années de secondaire, qui méritent toujours d'être rafraîchies. Découvrir son corps et son fonctionnement, c'est apprendre à connaître toutes les ressources qu'il possède et qui mènent droit au plaisir.

Le corps féminin

Sous la belle toison du Mont de Vénus, la vulve recèle de nombreux trésors :

- *Les grandes lèvres*, replis charnus recouverts de peau et de poils. Elles s'étendent de la base du pubis jusqu'à proximité de l'anus.
- *Les petites lèvres* ne se découvrent qu'en écartant leurs grandes sœurs. Elles sont dépourvues de poils, mais faites de peau et de muqueuses d'un rose plus tendre.
- *Le clitoris* se révèle lorsqu'on écarte les petites lèvres. Surgit alors le « capuchon », organe fin qui, en érection, devient dur et souple à la fois. Une zone érogène entre toutes.
- *L'orifice urinaire* est situé sous le clitoris. Un peu en dessous se trouve l'entrée du vagin. Ce couloir mystérieux où règnent chaleur et humidité, long de 10 à 15 centimètres selon qu'il est au repos ou en action, offre la particularité d'être élastique et de sécréter une liqueur aphrodisiaque qui le lubrifie. Il conduit tout droit au col de l'utérus.

Le corps masculin

Ce n'est pas parce que le sexe de l'homme est visible à l'œil nu qu'il est dépourvu de tout mystère !

• *Les bourses* (savamment appelées *scrotum*) abritent les testicules et veillent à leur bon fonctionnement grâce à un muscle thermo-régulateur qui permet de maintenir une chaleur idéale de 35° C. Ce même muscle explique les variations d'aspect des bourses. Lorsqu'il fait froid, elles se rétractent et, à l'inverse, quand il fait chaud, elles se détendent et pendent.

• *Le pénis* (ou *la verge*, c'est comme vous préférez) est un bel organe qui mesure, en temps normal, une dizaine de centimètres de long. Il est doué du pouvoir de se dresser fièrement lorsqu'il est excité : c'est l'érection.

• *Le gland*, qui constitue la partie supérieure de la verge, est particulièrement sensible et réceptif aux caresses et autres attouchements. Au repos, il est (éventuellement) recouvert par le prépuce ; en érection, il est à nu, décalotté. Le prépuce est « soudé » à la partie inférieure du gland par une petite peau très fine et délicate, le frein.

Avoir un corps et le connaître, c'est bien, mais l'aimer est encore mieux. Indispensable même pour pouvoir en tirer les meilleures satisfactions. Avouons que, à ce stade, la tâche se complique.

«Je suis vraiment mal foutue, se plaint Laure. Les hanches trop larges, les seins trop petits, les épaules un peu voûtées à cause de ma taille... Même dans le brouillard, et malgré mon mètre soixante-quinze, on ne risque pas de me confondre avec un top-model.»

«Je suis mal proportionné, se lamente Gilles. Trop maigre, avec des jambes beaucoup trop courtes par rapport à mon torse...»

La sérénade est connue. Sauf exception et autosatisfaction démesurée, nous ne sommes jamais satisfaits de notre physique. La perfection n'existe pas, même si on tend à nous le faire croire à longueur de magazines, à grand renfort de photos retouchées et de mannequins liposucés censés incarner un nouvel idéal esthétique. On oublie que la beauté est une notion subjective et que de l'imperfection naît souvent la personnalité, le charme et, partant, la beauté.

S'accepter tel que l'on est

C'est la seule solution! C'est sans doute facile à dire, mais il y a des moyens pour y parvenir.

Placez-vous face à une glace, entièrement nu(e), observez-vous avec un maximum d'objectivité. Essayez pour cela de vous convaincre que vous contemplez quelqu'un d'autre que vous-même. Attardez-vous sur chaque partie de votre corps en insistant sur les points forts davantage que sur les points faibles.

«Je suis peut-être douée d'un heureux caractère, confie Catherine, mais je commence toujours par mes jambes, chevilles et mollets, que je sais bien faits, puis je glisse sur mes cuisses un peu trop fortes et m'arrête avec plaisir sur mes seins, petits mais fermes et bien ronds. »

La méthode vaut bien sûr pour les hommes. Rien ne sert de vous lamenter sur votre brioche un peu molle, ou la taille de votre queue, trop petite à vos yeux. Jean, lui, est complexé par rapport à ses mains: «Elles sont toutes petites et potelées, avec des doigts un peu courts, et surtout, des ongles déformés par des années de "rongeage"! J'ai toujours peur du regard des femmes sur mes mains. C'est tellement important, les mains! »

Il existe chez chacun d'entre vous ce que j'appellerai des points forts : apprenez à les mettre en valeur.

Sachez dissimuler ce qui cloche et aider un peu la nature.

Sans vous essouffler à essayer de ressembler à un top-model, prenez soin de votre corps. « Qui aime bien entretient bien » pourrait être un nouveau proverbe. Crèmes, nettoyages, gommages, massages à pratiquer seul ou à deux, sont autant de moments de détente privilégiés. Bichonnez-vous sans honte ni remords !

Cependant, prenez garde de ne pas tomber dans l'excès inverse, un certain je-m'en-foutisme qui confine à l'autosatisfaction : après tout, je suis comme je suis, et on n'a qu'à me prendre comme ça. Certes, on est tout à fait prêt à vous prendre comme vous êtes... mais pas pire que vous êtes ! Surveillez-vous.

Enfin, ayez recours à l'autopersuasion, que certains nomment plus volontiers « méthode Coué ». Redressez-vous, tenez-vous bien droit(e) et répétez-vous intérieurement autant de fois que nécessaire : « Je suis bien, je suis beau, je suis belle, je suis sexy. » Vous êtes tous potentiellement des êtres désirables, des bêtes de sexe qui ne demandent qu'à sortir de leur torpeur. Mais comment voulez-vous que les autres s'en aperçoivent si vous n'en êtes pas vous-même intimement convaincu ?

Apprivoiser son corps

Après vous être bien familiarisé avec l'image de votre corps, il est temps de vous pencher d'un peu plus près sur sa géographie et ses réactions. Après vous être touché du regard, vous pouvez aussi (vous devez !) vous toucher du doigt et de la main. Sentir votre peau, la courbe de vos seins, la dureté ou la tendresse de votre téton, la douceur ultra-sensible de votre gland. Vous pouvez procéder comme pour l'étape précédente, face à une glace. Mais rien ne vous empêche de vous allonger confortablement sur votre lit et de fermer les yeux pour vous laisser aller aux seules sensations que fait naître en vous cette exploration tactile. Depuis le front jusqu'à la plante des pieds, touchez, caressez, massez, pincez, essayez et constatez. Ne laissez aucune zone dans l'ombre, même et surtout celles qui, *a priori,* vous semblent dénuées de tout intérêt. Pas un millimètre de peau ne doit échapper à vos doigts curieux.

Vous n'allez pas tarder à observer que certaines parties de votre corps sont plus sensibles que d'autres. N'ayez crainte alors de vous y attarder... en variant les plaisirs. Caressez avec toute la paume, puis d'un doigt ou de deux, doucement puis avec plus de vivacité, chatouillez, titillez, frottez, grattez... et abandonnez-vous sans honte.

Ces zones, sans aucun doute, peuvent être considérées comme des zones érogènes dites secondaires, les primaires se limitant généralement aux organes sexuels. Elles ouvrent ainsi d'autres voies menant tout droit au plaisir, ce qui est tout ce qui nous intéresse ici. D'aucuns prétendent que chaque parcelle du corps féminin est ainsi instrument d'un plaisir inouï, contrairement aux hommes chez qui, pauvres malheureux, seuls les organes génitaux seraient susceptibles de conduire au septième ciel. Une telle affirmation montre la confusion trop souvent faite entre plaisir et orgasme. Mais la nature, beaucoup moins injuste qu'on ne le croit, permet aux hommes de connaître d'autres plaisirs...

Bravo, vous vous montrez appliqués, curieux et un peu audacieux pour mener à bien cette reconnaissance. Usez et abusez de vos mains et de vos doigts, mais n'hésitez pas à vous caresser avec des accessoires divers et variés : tissu de soie, de lin, de velours ou de coton, plume, plumeau ou même vibromasseur... autant de contacts qui ne manqueront pas de vous procurer des sensations différentes et souvent affolantes !

Connaître et aimer le corps de l'autre

S'il est agréable (et indispensable) de se sentir bien dans sa peau, il n'en demeure pas moins que lire le désir et la convoitise dans le regard de l'autre constitue la plus belle des reconnaissances. Et un aphrodisiaque incomparable ! L'admiration de notre anatomie par le sexe opposé nous apporte la preuve irréfutable de ce que nous supposions, à savoir que nous sommes décidément des « animaux » infiniment tentants.

Ce que vous venez de faire avec votre corps, vous devez maintenant l'appliquer au corps de l'autre. Une fois bien assimilées les notions d'anatomie exposées ci-dessus, partez à la découverte de ce continent inconnu et mystérieux qui brûle de vous dévoiler tous ses secrets.

Il n'y a pas deux corps semblables, pas deux peaux qui possèdent la même texture, pas deux odeurs qui puissent se confondre. Chacun de nous est unique, et tant mieux! Chacun de nous possède des ressources inexploitées et inexplorées, et quand bien même on croirait tout connaître de l'autre, on se tromperait. Alors, au travail!

Touchez, caressez, embrassez comme vous voudrez, où vous voudrez, avec les mains, les doigts, la langue... Et observez l'effet produit.

Sachez manifester votre admiration. Inutile de mentir, mais, en toute sincérité, il convient de savoir flatter en insistant sur ce qui, dans ce corps convoité, vous rend dingue.

Rassurez-le. Il se lamente sur ses cuisses trop courtes? Dites lui combien vous appréciez leur force lorsqu'elles vous enserrent. Elle se désole de ses seins un peu tristes? Extasiez-vous sur la couleur et la forme parfaite de ses tétons qui réagissent à la moindre de vos sollicitations.

N'hésitez pas à avoir recours à des surnoms tendres ou coquins pour désigner vos sexes respectifs. Ce signe de reconnaissance est un lien supplémentaire entre vous, une marque de connivence, un langage incompréhensible au reste du monde et qui vous soude l'un à l'autre.

Quelques suggestions pour les moins imaginatifs :

- *Pour le sexe de la femme :* minette, mine, fontaine, trésor, bijou, écrin à bijoux, porte de jade...
- *Pour le sexe de l'homme :* grâcieuse, coquette, baguette magique, fougueuse, fouineuse...

Tous les noms sont permis, même et surtout les plus insolites et les plus fous. Rien qu'à les prononcer, vous sentirez déjà le désir embraser vos sens.

Secret n° 2

Se donner du plaisir

Dans nos sociétés judéo-chrétiennes, certains puritains intégristes tentent encore de faire passer la masturbation pour un acte sale et honteux. Et cette appréciation rétrograde reste encore profondément ancrée dans bon nombre de mentalités, hélas !

« Je ne me masturbe jamais, j'aurais trop honte, dit Isabelle. Je crois bien que je ne saurais même pas comment m'y prendre... »

« Mais quel est l'intérêt ? s'exclame Caroline. Je n'ai aucune envie de me livrer à des actions solitaires ! Le plaisir, c'est fait pour être partagé ! »

« Je me masturbe, mais c'est toujours faute de mieux, à la va-vite, pour satisfaire un besoin. Je n'en retire aucune satisfaction particulière, sauf d'ordre purement physique, presque mécanique », confie Jean-Charles.

La masturbation, n'ayons pas peur de le dire, est pourtant quelque chose de sain, de naturel, de nécessaire et de formidablement instructif !

Tout ce qui précède, tout cet apprivoisement progressif de votre corps n'a (presque) d'autre but que de vous amener à cette activité ô combien normale.

On sait, à l'instar de Jean-Charles, que les hommes la pratiquent plus aisément que les femmes. On considère que cette pratique représente pour eux une sorte de passage obligé. Un mal nécessaire. Quelle horreur ! Elle peut et doit au contraire être beaucoup plus que cela. Bien mieux que cela.

Osons donc plaider ici pour une réhabilitation de la masturbation ! Elle est un allié précieux et irremplaçable dans la découverte du plaisir de chacun.

Comment procéder ?

Les adeptes du plaisir solitaire trouveront sans doute ce paragraphe inutile. Néanmoins, je ne saurais que trop les encourager, eux autant que les novices, les timides ou les maladroits, à s'y attarder quelque peu. Car il s'agit bien ici de faire de la masturbation un moment de plaisir tout à fait particulier, permettant de mieux connaître les chemins de notre extase et susceptible de nous mieux conduire vers d'autres cieux, encore plus étourdissants. Mais un peu de patience! Commençons par le début.

Choisissez bien votre moment et, les premières fois du moins, prévoyez une bonne demi-heure. Débranchez le téléphone afin que rien ne puisse venir vous interrompre, mettez une musique douce que vous aimez et allongez-vous sur votre lit. Vous pouvez être entièrement nu(e) ou légèrement habillé(e), l'essentiel étant que vous vous sentiez parfaitement à l'aise.

Caressez-vous comme vous l'avez fait précédemment. Prenez votre temps. Insistez sur les parties qui réagissent avec le plus grand enthousiasme à vos sollicitations.

Arrêtez-vous enfin sur votre sexe. Et observez-le avec attention.

Messieurs, vous avez la chance de constater l'effet que vous vous faites à l'œil nu, si je puis m'exprimer ainsi. Prenez votre queue délicatement entre vos mains, enveloppez-la, réchauffez-la avec tendresse, découvrez le gland, puis couvrez-le, massez vos bourses, faites-les rouler sous vos mains, allez et venez...

Madame, à moins que vous ne soyez contorsionniste professionnelle, vous aurez besoin d'un miroir pour découvrir les merveilles cachées sous votre toison épaisse. Écartez bien les lèvres, les grandes et les petites, découvrez le clitoris et le vagin, faites rouler le premier sous l'extrémité de votre majeur (encore que vous puissiez préférer l'index, c'est à vous de voir !) et pressez le second avec le même majeur dans toute sa longueur. Variez les pressions, caressez, allez et venez, mouillez votre doigt et, tout humide de votre salive tiède, faites-le pénétrer dans votre vagin. Il ne s'agit pas ici de l'introduire entièrement, mais simplement de le faire jouer à entrer et sortir, de façon rapide.

Homme ou femme, vous êtes parfaitement libre de prendre votre sexe à deux mains, mais il est néanmoins recommandé de garder une main libre et active, parcourant agilement le reste de votre corps qui se réjouira à juste titre de ces douces caresses lesquelles, des seins jusqu'à l'anus en passant par le ventre, vous procureront de divines sensations.

Les premières fois, il vous faudra sans doute un certain temps avant de parvenir à l'orgasme, mais, la pratique aidant, vous l'atteindrez de plus en plus vite. Et vous pourrez ainsi recommencer plusieurs de fois de suite si le cœur vous en dit et... si le corps suit. Il n'est pas question d'établir des records, mais avant tout de vous procurer les plus grandes satisfactions.

Apprenez le raffinement. Plutôt que de foncer vers l'orgasme queue dressée ou vagin trempé, essayez plutôt de le différer pour y parvenir dans une explosion des sens. L'attente, c'est déjà la moitié du plaisir. Et dans ce cas précis, le plaisir, c'est déjà la moitié de l'orgasme. A méditer !

Découvrez aussi les délices de la masturbation « risquée ». Une fois rôdé(e) à une pratique régulière, vous saurez vous faire jouir rapidement. Vous pourrez alors oser vous livrer à ce petit jeu dans des situations insolites.

« Je me masturbe volontiers lorsque je suis dans le métro, confie Céline. L'air de rien, ou plutôt l'air absorbé par la lecture d'un journal ouvert sur mes cuisses, je glisse ma main entre mes jambes et, selon ma tenue, je me touche à travers le tissu ou j'écarte mon slip pour sentir la texture de mes lèvres. Je deviens alors terriblement excitée à l'idée que quelqu'un pourrait s'apercevoir de mon manège. Parfois, pour m'exciter davantage, je me masturbe en regardant un passager et en imaginant que c'est lui qui me touche. »

« J'aime penser qu'on pourrait me surprendre alors que je me branle, dit Thierry. Par exemple, dans des toilettes publiques, dans un train, au restaurant... La proximité d'inconnus qui vont et viennent, qui parfois attendent derrière la porte, décuple mon excitation. Mais c'est encore mieux au bureau. Je suis censé réfléchir, mais en réalité ce sont ma queue et mes mains qui travaillent. Je caresse mon sexe à travers mon pantalon puis, quand je me sens assez excité et suffisamment dur, j'ouvre ma braguette et me branle sous la table. A tout instant, ma secrétaire ou l'un de mes collaborateurs peut faire irruption dans la pièce... Quelle perspective ! Et que dire du coup de téléphone qui, loin de m'interrompre et de couper mes effets, renforce le sentiment de plénitude qui m'habite dans ces moments-là ! »

La masturbation est un art dans lequel vous avez toutes les chances d'exceller. Pour la pratiquer en virtuose, n'hésitez pas à échafauder les scénarios les plus fous tandis que vous vous caressez. Avec un peu d'imagination, la main qui vous branle deviendra bouche sensuelle et gourmande ; le doigt qui vous pénètre se métamorphosera en longue verge vigoureuse et impatiente... La stimulation intellectuelle est alors très importante. Le fantasme est indissociable de la masturbation. Il vous excite et vous aide à jouir au mieux de ce jeu solitaire qui peut d'ailleurs fort bien ne pas le rester... Inutile de vous conseiller de donner à votre partenaire le premier rôle dans votre scénario érotique... Car c'est sans doute avec ce même partenaire que vous avez envie de partager les extases les plus divines.

Plaisirs solitaires enfin partagés

« C'est pendant que mon amant dort que je préfère me masturber, raconte Véronique. Je ne sais pas si j'ai envie qu'il se réveille ou non, mais en tout cas je suis très excitée par sa présence juste à côté de moi. Je sens son odeur, sa chaleur, son souffle, ce qui fait encore monter mon désir. Mais je crois que je mourrais de honte s'il se réveillait et me surprenait ainsi... Enfin... je ne sais pas du tout quelle serait sa réaction, alors je veille à contrôler mes gémissements et à ne pas trop remuer dans le lit ! Mais ces précautions n'affectent en rien le plaisir que j'éprouve. »

Le progrès ne vaut que s'il est partagé, c'est bien connu. Il en va de même pour le plaisir. Enfin, presque... Je ne crains d'ailleurs pas d'affirmer ici que le plaisir solitaire est encore meilleur à deux.

Se masturber face à l'autre est un signe de confiance, d'abandon et de complicité. Un échange de connivence sensuelle. Laissant de côté toute pudeur, on s'abandonne dans toute son intimité, sans crainte d'un jugement ou d'une désapprobation. En effet, il faut bien se persuader que même si, la première fois, la masturbation peut surprendre votre partenaire, la surprise ne l'empêchera sûrement pas d'être excité(e) par un spectacle aussi réjouissant... et instructif !

Réfléchissez bien. En vous masturbant devant l'autre, vous lui montrez de façon ostentatoire ce que vous préférez et ce qu'il convient précisément de faire pour vous mener au septième ciel. Si l'être aimé est observateur, il saura en temps voulu se souvenir et s'inspirer de ce qu'il a vu et de ce que vous lui aurez révélé lors de votre séance (plus ou moins) improvisée.

Afin d'augmenter encore le plaisir et de le faire partager, masturbez-vous en regardant votre partenaire. Vous êtes bien sûr autorisé(e) à fermer les paupières quelques instants, mais revenez toujours au regard de l'autre et soutenez-le sans équivoque aucune.

Impossible de rester insensible à la vue de la personne tant désirée en train de s'abandonner. Rien de plus contagieux que l'excitation. Deux options sont alors possibles.

« Quand Eléonore se masturbe devant moi, ça me rend littéralement fou, confirme Pierre. Parfois, c'est même moi qui l'encourage à le faire : je prends sa main et la guide sur son corps, puis je la laisse procéder comme elle en a envie. Je regarde d'abord sans rien faire, puis je commence à me caresser aussi. Sans nous quitter des yeux, nous nous masturbons ensemble avec une intensité et un partage extrêmes. C'est un jeu extraordinaire au cours duquel nous sommes à la fois voyeurs et exhibitionnistes. Il nous arrive d'ailleurs souvent de jouir ensemble sans même nous toucher. C'est une sensation merveilleuse. Après seulement, nous nous blottissons dans les bras l'un de l'autre. Et c'est une sensation sublime. »

« La première fois que Stéphane s'est branlé en ma présence, je l'ai plutôt mal pris, dit Sophie. Je pensais qu'il essayait de me signifier que je ne savais pas bien m'y prendre. Pourtant, malgré ma vexation, je ne pouvais détacher mes yeux de ce qui se passait devant moi, et j'ai alors senti l'excitation qui montait, j'étais trempée... Je l'ai laissé s'occuper de son sexe, mais j'ai aussi commencé à l'embrasser et à le lécher sur le torse, en insistant sur les tétons que je mordillais. Je ne le touchais pas avec mes mains, seulement avec ma bouche, ma langue et mes dents... J'ai bien vu qu'il était aux anges ! Depuis, j'ai découvert moi aussi le plaisir de me masturber devant lui et j'adore qu'il prenne soin de mes seins et de mon ventre tandis que je me concentre sur ma chatte. Ce sont vraiment des moments exceptionnels ! »

Homme ou femme, rien ne vous empêche, à condition que cela ne choque pas votre partenaire, de vous masturber avec des objets de votre choix. Mais il est préférable d'avoir recours à ces objets lorsque vous pratiquez en solitaire. Cependant, les femmes possèdent l'énorme

44

avantage de pourvoir se masturber directement avec le sexe de leur amant. Dans ce cas, il est conseillé de se mettre à califourchon, jambes bien écartées, au-dessus de l'homme étendu et, d'une main experte, de se saisir de son membre viril avec lequel vous vous caressez le minou, massant votre clitoris jusqu'à n'en plus pouvoir... Parvenue à ce stade, libre à chacune de conclure comme elle le désire !

Secret n° 3

Vaincre la routine

Routine, quotidien... et voilà qu'habitude bientôt se met à rimer avec lassitude. Rien de pire que les rapports à jour et heure fixe, dans le même lieu. L'élan et le désir spontanés prennent alors des allures de devoirs conjugaux, accomplis avec plus ou moins d'enthousiasme. Que vous viviez ensemble ou séparément, si vous vous obstinez à faire l'amour uniquement au lit et après le dernier journal télévisé ou, suprême folie, au retour d'un dîner chez des amis le samedi soir, vous risquez fort de vous lasser plus rapidement encore que vous ne le pensez.

Un peu d'imagination, que diable! Un soupçon de fantaisie, deux gouttes d'imprévu, trois doigts d'audace, il suffit de peu pour rallumer la flamme et redonner à vos ébats des airs de première fois fougueuse et impatiente.

Savoir jouer, vous amuser, vous étonner et vous surprendre est l'un des secrets du plaisir toujours renouvelé.

Les lieux de l'amour

Il n'est pas de lieu interdit pour s'aimer. On ne vous demande pas forcément d'aller copuler sur la place de la Concorde à six heures du soir, mais surtout de trouver des nids d'amour un peu moins conventionnels que la couette. Ce n'est pourtant pas sorcier !

Heureusement, certains ne vous ont pas attendu pour innover, et ne l'ont pas regretté...

A la maison

Nul besoin d'habiter un palace de vint-cinq pièces pour s'aimer ailleurs qu'au lit ! Le plus petit studio recèle dans ses modestes mètres carrés d'infinies possibilités de changement.

« Je suis une inconditionnelle de la moquette, confie Charlotte. J'aime quand mon homme me renverse sur le sol ! Tout commence par un long baiser debout et, pris tous les deux par une sorte d'urgence, nous basculons... Souvent, c'est moi qui l'attire. Je m'allonge, l'air de rien, et étendue sur le ventre, appuyée sur mes avant-bras, les reins bien cambrés pour faire ressortir mes fesses, je feins de m'absorber dans la lecture d'un livre ou d'un magazine. Je relève alors mes jambes, les croise et les décroise, et, géné-ralement, il comprend le signal... S'il tarde à venir me câliner, je soupire, je m'étire, je caresse l'épaisse moquette d'une main, c'est moelleux. S'il ne bouge toujours pas, je m'allonge entiè-rement, je bâille, puis je me retourne sur le dos... J'aime le contact de la moquette, un peu râpeux, comme des mains qui auraient quel-ques cals au creux de la paume. Les sensations sont différentes, elles participent au plaisir. »

« Je suis un piètre cuisinier, mais j'aime regar-der ma femme s'activer à ses fourneaux, c'est ma façon de participer, dit Daniel avec malice. Nous profitons de ce moment pour bavarder un peu... mais elle s'arrête parfois pour se concen-trer sur une recette. Je me rapproche alors et me place derrière elle, en silence pour qu'elle ne s'aperçoive de rien, puis, sans la toucher de mes mains, je penche la tête vers sa nuque et souffle légèrement, ou je l'embrasse. Elle fait comme si elle ne se rendait compte de rien et je m'enhardis : je pose mes mains sur ses fesses, puis, me rapprochant tout contre elle, je saisis ses seins que je pétris sous mes paumes, tandis que ma braguette déjà tendue est écrasée contre ses fesses. Arrivés là, elle réagit, se hasarde parfois à protester, mais le ton de sa voix encourage plus qu'il n'interdit. Alors je glisse une main entre ses jambes et je joue à l'exciter. J'aime la prendre ainsi debout, ou assise sur la toile cirée... »

On pourrait multiplier les exemples. Mettez-vous bien en tête qu'il n'est pas un centimètre carré de votre maison qui ne soit susceptible d'abriter vos ébats : baignoire, lavabo (attention tout de même de ne pas le desceller !), fauteuil, placard, parquet, escalier... On peut s'étreindre et se prendre partout, car le désir a parfois des urgences qui ne souffrent aucun retard. Distrayants, émoustillants, ces divertissements présentent l'immense avantage de stimuler l'imagination et de favoriser la fantaisie. Point n'est besoin, je pense, de vous faire un dessin pour vous faire comprendre qu'il faut parfois, dans ce genre de circonstances, inventer des positions assez surprenantes ! Cela ne vous empêche nullement de rejoindre le lit un peu plus tard, si le cœur vous en dit et... si vous en avez encore le temps !

Le lit n'en demeure pas moins le lieu idéal pour des corps à corps voluptueux. Il offre un confort maximal et permet ainsi de faire durer le(s) plaisir(s). Soyez attentif à la qualité de votre matelas et à la propreté des draps. Et faites en sorte que ce lit, votre lit, reste un endroit protégé et privilégié.

Prenez donc un soin jaloux et presque maniaque de votre chambre à coucher. L'un comme l'autre, ne laissez pas traîner vos vêtements, en boule au pied du lit ou ailleurs. Même chose pour les livres et journaux. Rien de plus salissant qu'un quotidien étalé sur des draps propres. Et rien de moins érotique que de sentir ce même quotidien sous ses fesses !

Veillez à aérer votre chambre et, pourquoi pas, à embaumer l'atmosphère avec des bougies ou autres produits odoriférants.

Surveillez également l'éclairage en évitant toute lumière crue qui accuse les petits défauts que l'on s'évertue à cacher. Évitez aussi l'obscurité totale qui empêche de voir et d'être vu(e), et mieux, d'être deviné(e) et admiré(e). Favorisez absolument les écairages indirects, les lumières tamisées, les lueurs de bougies... Tout ce qui procure à vos étreintes ce caractère mystérieux et ensorcelant.

Enfin, sachez marquer votre territoire. Votre chambre doit conserver un caractère privé, et, sans devenir un lieu défendu, doit être préservée de tout envahissement intempestif. Il s'agit d'une chambre à coucher et non d'une salle de télévision ou d'un salon de jeux. Mieux vaut alors qu'elle soit d'une taille raisonnable afin de ne pouvoir abriter ni télévision ni magnétoscope. Et il est préférable qu'elle puisse être verrouillée en temps utile.

Attention toutefois à ce que cet agencement quelque peu rigoureux ne tourne pas à l'austérité! Et n'hésitez pas à faire preuve d'une fantaisie de bon goût en ce qui concerne la décoration.

«Je dois être un peu voyeur, dit Antoine, j'aime nous regarder en action. Tout un mur de notre chambre est donc recouvert de petits miroirs. Cela présente l'avantage d'agrandir la pièce et d'offrir une vue imprenable sur nos joutes amoureuses. Je peux ainsi regarder ma maîtresse et voir l'image qu'offrent nos deux corps qui se cherchent et se pénètrent. Cela me stimule... Nathalie, qui était gênée au début, s'est très bien habituée à ce dédoublement de nos étreintes. Quelle merveille d'avoir la sensation d'être à la fois acteur et spectateur ! »

Le miroir apparaît en effet comme un stimulant puissant que vous auriez tort de négliger sous prétexte d'une pudeur déplacée. Si votre partenaire émet quelques réserves, faites preuve de tact et de patience pour l'amener à apprécier à sa juste valeur cet accessoire précieux.

« Avec le temps, je me suis aperçu que j'avais besoin de quelques stimulants pour m'aider à renouveler mon imaginaire, confie Caroline. J'ai farfouillé plusieurs semaines dans les brocantes avant de dénicher un tableau tout à fait joli, exécuté à la sanguine, et représentant un couple nu, enlacé. Rien de pornographique dans cette œuvre d'un illustre inconnu, mais elle est très suggestive. Les formes sont belles, le mouvement des deux corps permet de tout imaginer, et l'expression des visages laisse entrevoir des sommets d'extase... Ce tableau en face de notre lit, c'est comme une incitation permanente, un exemple à suivre... »

Les célébrissimes estampes japonaises, les photos, les tableaux de nus apportent bien souvent à la décoration de votre chambre une touche artistique et érotique que vous auriez tort de négliger. En tout cas, il est recommandé d'essayer...

Vous pouvez préférer les statuettes ou tout autre objet de votre choix. Tout ce qui peut favoriser et renforcer le caractère intime de votre nid d'amour est le bienvenu. Et il n'est nul besoin d'un investissement coûteux pour faire de cette pièce un lieu d'élection dans lequel vous aimez à vous retrouver à toute heure.

Hors de la maison

On ne vous le répétera jamais assez : vous avez le droit de vous aimer où bon vous semble. Il est même conseillé de vous ménager mutuellement quelques surprises afin de rompre toute monotonie. Ces improvisations permettront aux plus casaniers et routiniers d'apprécier doublement le retour à la chambre à coucher.

L'amour en danger

Rassurez-vous, il ne s'agit pas ici d'une douteuse resucée de l'émission de télévision pour couples à la dérive ! Au contraire, le danger est synonyme d'excitation, de frisson, de passion torride et de délicieuse complicité. Lisez plutôt !

« Comme j'aime me masturber dans des situations un peu particulières, j'aime aussi faire l'amour en craignant d'être découverte, cela déculpe mon plaisir, raconte Céline. Les lieux publics sont propices au grand frisson. Je me souviens d'un jour où nous sommes allés au cinéma, Christophe et moi. Je vous assure que nous n'avions aucune autre intention que celle de voir un bon film qui, je tiens à le souligner, n'avait aucun caractère érotique. Nous nous sommes assis au fond de la salle, un peu isolés, et ma tête bien sagement lovée au creux de son cou. Puis il a mis sa main sur ma cuisse et, comme pour le remercier, je l'ai embrassé sur la joue, très doucement. Était-ce l'atmosphère particulière de la salle obscure dans laquelle nous nous devinions sans bien nous voir ? Nous nous sommes mis à nous embrasser, nous toucher, nous caresser, et n'avons pas tardé à entrouvrir nos vêtements pour mieux nous sentir.

N'en pouvant plus, je me suis agenouillée pour lui offrir une fellation passionnée. Il a fait mine de me repousser avant de rapidement se laisser faire avec un plaisir non dissimulé. Afin de l'empêcher de soupirer trop fort, je lui faisais mordre ma main. Il est venu dans ma bouche et je garde encore précisément le goût de sa semence. En revanche, j'ai complètement oublié le film ! »

« C'était notre premier voyage en train ensemble et nous nous étions offert des places de première, se souvient Alain. Alice était assise en face de moi et j'avais très envie d'elle. Comme elle croisait et décroisait les jambes en faisant crisser ses bas, ce bruit me rendait fou. J'ai alors ôté une chaussure pour glisser délicatement mon pied entre ses cuisses, remontant jusqu'à son doux écrin. Elle n'a rien fait pour me dissuader, entrouvrant au contraire un peu plus ses jambes pour me laisser libre d'aller et venir comme je le désirais. Afin de dissimuler quelque peu nos agissements au regard des curieux qui risquaient de passer dans l'allée, elle a eu alors la bonne idée de déplier un journal sur ses genoux... Même l'arrivée du contrôleur ne nous a pas interrompus, c'était même très excitant de lui tendre les billets d'un air dégagé tandis que je continuais de titiller son clitoris à travers son slip. L'expérience nous a tellement plu que nous sommes devenus des adeptes du voyage ferroviaire. Ainsi raffolons-nous des trajets en couchette durant lesquels nous faisons l'amour, de préférence sur celle du bas, en nous demandant si nos compagnons dorment vraiment. »

« En vacances en Italie, nous revenions de Sienne pour regagner Florence, raconte Pascale. Le paysage était sublime, éclairé par le soleil couchant, et incitait à un certain romantisme. Tous ces cyprès dressés, pointe vers le ciel, m'ont donné des idées et des envies. Et tandis que Vincent conduisait, je l'ai branlé, très doucement, m'arrêtant de temps à autre pour embrasser sa queue et retarder l'explosion de son plaisir. »

On pourrait ainsi multiplier les anecdotes. Toutes n'ont d'autre but que de vous montrer, au cas où vous en douteriez, que l'amour peut se faire où bon vous semble : dans des toilettes publiques, chez des amis, dans une voiture ou, pour les plus bucoliques, en plein champ... La crainte (ou l'envie ?) d'être surpris confère à ces instants un parfum tout à fait exceptionnel, mais n'oubliez pas pour autant que ce qui fait toute la saveur de ces ébats fougueux, c'est leur caractère imprévu et impromptu. Pas question de partir un dimanche après-midi en vous disant que vous allez faire l'amour dans le parking de votre immeuble ! Laissez-vous plutôt guider par votre désir et, surtout, ne tentez rien pour le différer, vous vous priveriez d'un plaisir inouï.

Les temps de l'amour

L'amour, chose sérieuse, demande que vous lui consacriez le temps nécessaire. Et en ce domaine, il faut savoir qu'on ne dispose jamais de trop de temps... ce qui n'empêche pas de se satisfaire à l'occasion des quelques dizaines de minutes disponibles et d'en tirer le meilleur profit.

On peut distinguer trois moments privilégiés pour s'unir en toute sérénité : le matin, le soir et lors de la sieste.

Le matin

Vive l'érection matinale qui, tel le chant du coq, nous extirpe de notre torpeur nocturne par un salut vigoureux! Mais pour profiter au mieux de ce don de la nature (reposés par une nuit de sommeil, le corps et l'esprit sont en pleine forme!), il est souhaitable de ne pas avoir de rendez-vous urgent dans l'heure qui suit... Choisissez donc de préférence un jour de repos où vous pourrez jouir d'une généreuse grasse matinée – et d'autre chose, cela va de soi... Si le temps presse autant que votre désir, sachez vous contenter d'un «apéritif» rapide mais vigoureux qui saura vous tenir l'un et l'autre en haleine jusqu'au soir. Une amoureuse ou un amoureux attentionné évitera toujours de laisser son chéri ou sa chérie débuter la journée par une frustration douloureuse!

Le soir

Vous pouvez enfin vous détendre et vous débarrasser des tracas de la journée. Vous avez devant vous la perspective de longues heures que vous êtes libre d'occuper comme vous le désirez, mais le moins pantouflardes possible. Hélas, dans la réalité, le soir est aussi le moment de la plus grande fatigue, et certains résistent difficilement à l'appel de Morphée! Ils consentent certes à satisfaire un besoin ou un devoir, mais l'étreinte est parfois bâclée et les gémisse-ments de plaisir se diluent souvent dans un bâillement pour s'achever en ronflements sonores.

Sachez qu'il vaut mieux savoir s'abstenir et se réserver pour des soirs meilleurs (mais encore une fois, ne négligez pas le réveil du lendemain, vous serez alors en pleine forme !) plutôt que de s'acharner à tout prix. Un simple et tendre câlin peut avoir du bon s'il constitue une parenthèse entre deux soirs d'ivresse.

Mais vous pouvez aussi lutter contre la fatigue et prendre le temps d'une vraie détente en vous plongeant dans un bain, seul ou à deux, ce qui vous aidera à retrouver un entrain que vous croyiez envolé.

La sieste

Pour beaucoup, c'est LE moment entre tous, celui où on se laisse gagner par une douce tor-peur propice aux ébats les plus merveilleux. Ce n'est tout de même pas un hasard si, dans les pays chauds, la sieste représente un rituel auquel les couples se soumettent avec un enthousiasme surprenant aux yeux de ceux qui ignorent les bienfaits de ce temps suspendu.

« C'est le moment que je préfère, souligne Joëlle, et il nous arrive, à François et à moi, de nous planifier des siestes en pleine semaine. Nous annulons alors nos rendez-vous et nous nous retrouvons pour nous reposer ! Les enfants sont à l'école, tout le monde nous croit au travail, le téléphone ne sonne pas, rien ni personne ne vient nous déranger. Certains appellent ça des "siestes crapuleuses", nous les appelons plus volontiers des "siestes africaines"... parce que le dépaysement est toujours au rendez-vous ! »

Rien ne vous empêche pourtant de vous aimer dans l'urgence. Si la « copulation à la hussarde » en fait frémir plus d'un(e), elle est cependant à éviter les premiers temps ; en revanche, elle vient remettre un peu de piment dans une relation stable et établie. On se connaît et on s'aime suffisamment pour atteindre le septième ciel en un temps record... L'effet de surprise apporte parfois du piment ! Il ne faut voir là ni manque de respect ni indifférence, mais au contraire un commun et pressant désir que l'on se refuse à différer. Parce que l'élan est trop précieux pour être repoussé.

Secret n° 4

Ne pas éluder les préludes

Nous voici presque au cœur de l'ébat ! Mais ce « presque » est capital ! Dans la triste hypothèse où vous ne le sauriez déjà, je vous rappelle qu'une étreinte se prépare. Autant dire que vous ne devez en aucun cas vous dispenser de ces préliminaires sans lesquels l'amour risquerait d'avoir un goût de bâclé. Que vous partagiez votre vie et votre lit avec la même personne depuis longtemps ne change rien à l'affaire. Il est bon, chaque fois, de se reconnaître et de se réapprivoiser.

On prétend souvent que les hommes se montrent plus pressés que les femmes et se passeraient volontiers de cette préparation. Leur excitation se traduisant immédiatement par une vigoureuse érection, ils ne rêveraient que de nous pénétrer sans détours superflus. Tandis que les femmes, sensuelles jusqu'au bout des ongles, auraient besoin de ces amuse-gueule qui, loin de rassasier, mettent en appétit pour le festin qui doit suivre. C'est donc à vous, mesdames, de révéler à vos fougueux partenaires tout le bénéfice qu'ils peuvent retirer de ces jeux de doigts et de mains, de langues et de bouche...

Cette mise en condition n'a rien à voir avec l'orgasme en lui-même : vous pouvez jouir en un temps record et tant mieux pour vous, même si ce n'est pas l'essentiel. En effet, l'absence de prélude en ouverture à votre grande symphonie en gémissement majeur vous priverait de mille sensations exceptionnelles qui forment ce que l'on appelle LE PLAISIR.

Alors oubliez votre impatience bestiale, renoncez au fast-food érotique et sachez prendre votre temps afin de transformer vos corps à corps en autant de moments uniques et inoubliables.

Les baisers

Christine est formelle : « Le baiser, pour moi, c'est le meilleur des tests. Il est arrivé qu'un homme me plaise, mais, dès que nos lèvres se touchaient, je déchantais. S'il ne sait pas embrasser, je devine de mon côté que ce n'est pas la peine d'aller plus loin... En revanche, si nos bouches se fondent parfaitement, le baiser laisse entrevoir des nirvanas de plaisir. Je peux embrasser des heures, c'est tellement érotique ! Nos langues qui se fouillent, nos salives qui se mêlent, il y a dans tout cela une belle métaphore de ce qui va suivre. »

Le baiser sert souvent de détonateur et, c'est vrai, les femmes s'y montrent plus sensibles que les hommes. Il s'agit du premier contact vraiment intime, de la première « pénétration ». Cette entrée en matière (et en bouche) va déterminer la suite des événements. Il est donc impensable de le bâcler, aussi veillez à y apporter un soin particulier.

Commencez doucement, effleurant à peine de votre souffle tiède le visage et les lèvres de votre partenaire, puis prenez de l'assurance et pressez vos lèvres contre les siennes avec davantage d'insistance. Un maître mot pour cette première approche : la tendresse.

Poursuivez en entrouvrant vos lèvres, et suggérez à votre partenaire d'en faire autant en donnant de petits coups de langue sur les siennes afin que, lèvres ouvertes, lèvres offertes, l'un et l'autre vous puissiez mêler vos langues sans retenue.

Prenez votre temps ! Arrêtez, caressez doucement le visage, les cheveux, délaissez un instant les lèvres pour embrasser les joues, les paupières, le front, le cou de l'être aimé qui ronronne et brûle de vous rendre la pareille.

Revenez à la bouche, insistez, fouillez, votre langue jouant sur ses dents, sur son palais.

Aspirez sensuellement sa langue dans votre bouche et gardez-la prisonnière afin qu'elle accomplisse son devoir de reconnaissance !

Apprenez à donner et à recevoir. Attendez de voir comment réagit votre partenaire, ce qu'il (elle) fait à son tour. Tête légèrement renversée, bouche entrouverte, laissez-vous chavirer, laissez-vous faire. Offrez-vous !

Ne ménagez jamais vos coups de langue. Dessinez ses lèvres avec votre langue, insistez sur les commissures, léchez l'ensemble du visage...

Pendant ce temps, vos mains étreignent, caressent, effleurent, chatouillent... Et rien ne vous interdit de les offrir aux lèvres de votre partenaire, tandis que vous oserez ailleurs quelques baisers, où bon vous semble.

« Avant de rencontrer Aude, j'avais une très nette tendance à pratiquer le baiser-ramonage, le baiser-balayage d'amygdales, reconnaît Jean-Pierre. Mais elle m'a appris la tendresse et, surtout, les infinies possibilités de renouvellement du baiser. J'adore l'embrasser, longtemps, partout... Rien n'échappe à mes lèvres et à ma langue gourmandes. Je la lèche, je la mouille de ma salive, je la suce, je la tête, je la mordille et j'aime qu'elle fasse la même chose avec moi. Lorsque je sens sa langue qui fouille mon oreille, je deviens fou... »

Eh oui ! vous pouvez et devez vous embrasser partout. De la racine des cheveux à la pointe du gros orteil, il n'est pas un millimètre de votre corps qui ne mérite l'hommage des lèvres avides. Les baisers, comme les caresses, dispensés avec amour, contribuent à mettre en émoi chaque centimètre carré du corps désiré. Ils font gémir, frissonner et se cabrer. Ils réveillent et décuplent le désir. Ils donnent envie d'aller plus loin, toujours plus loin...

Chacun(e) d'entre nous a cependant des points particulièrement sensibles. Parmi les plus fréquemment cités :

– l'oreille ;
– les aisselles (chez les hommes) ;

- les seins et les tétons ;
- le ventre ;
- la naissance de la raie des fesses ;
- l'intérieur des cuisses...

Pour chaque partie, allez crescendo : léger effleurement au début, puis baiser sec avant le baiser mouillé, coups de langue d'intensité variable, massage avec le bout des doigts, avec la paume, délicats pincements, douces morsures, et parfois griffures...

L'art de l'effeuillage

Rien de plus triste que ces couples qui, sous prétexte de vie commune, se déshabillent chacun dans leur coin. Ils se retrouvent alors sous la couette, nus dans le meilleur des cas, le corps dissimulé sous un pyjama ou un T-shirt informe dans la pire des hypothèses. Autant dire que la stimulation érotique est alors réduite à une peau de chagrin et qu'il faudra des trésors d'imagination pour réveiller la bête de sexe qui repose près de vous...

De grâce, sachez prendre le temps de l'effeuillage !

« Nicolas m'embrasse avec à la fois une douceur et une fougue qui me rendent dingue, dit
Martine. Mais, dès qu'il est excité, il se précipite
dans la salle de bains et, avant même que j'aie
eu le temps de comprendre ce qui se passe, il
se retrouve au lit, semblant attendre que je le
rejoigne. Je n'arrive pas à m'y habituer, et cela
me coupe mes effets ! Cette interruption dans
notre jeu amoureux me fait carrément retour-
ner à la case départ. Et je n'ai plus alors qu'une
envie, celle d'aller me coucher... et de dormir ! »

Le summum du raffinement érotique consiste
évidemment à se déshabiller l'un l'autre en
prenant bien le temps de s'attarder sur chaque
partie du corps découverte, de l'embrasser, la
caresser, la flatter.

Vous n'êtes pas dans l'obligation de sortir le
grand jeu chaque fois, mais vous devez en
revanche respecter ce que j'appellerais un
« effeuillage minimum ». Vous détachez un bou-
ton, vous desserrez une ceinture, vous dégrafez
une jupe... et vous signifiez ainsi à l'autre votre
désir d'aller plus loin. Après ce signal, libre à
chacun de se déshabiller seul, mais veillez à le
faire en même temps et sans vous quitter des
yeux. Votre regard sur le corps tant convoité qui
se dénude devant vous est aussi excitant qu'une

caresse... Et l'on peut tout lire dans ce regard-là : l'amour, le désir, l'admiration, l'excitation... tout ce qui fait que l'on a envie de s'offrir à l'autre.

« Chantal a parfois la gentillesse de m'offrir un fabuleux spectacle et un immense bonheur, raconte Alain. Elle commence par me déshabiller puis m'installe confortablement au lit, bien calé sur des oreillers moelleux. Enfin, elle choisit une musique langoureuse et me gratifie d'un strip-tease très épicé. Quelle que soit sa tenue, c'est toujours terriblement excitant... Elle enlève ses vêtements un à un, se déhanche, me regarde, prend des poses suggestives, danse, se caresse, passe sa langue sur ses lèvres... La voir abandonner sa pudeur pour mon plaisir suffit amplement à me faire bander comme un taureau ! J'ai envie de la toucher, de l'étreindre, mais pour l'heure elle demeure inaccessible et je commence à me branler... jusqu'à ce qu'enfin nue, elle vienne me rejoindre, très excitée elle aussi. »

Le strip-tease offre un double avantage : il est perçu comme un cadeau et représente une puissante stimulation érotique. Point n'est besoin d'être vedette au Crazy Horse pour s'y adonner. Homme ou femme, il suffit d'avoir envie de plaire et de faire plaisir, envie d'exciter l'autre qui regarde, envie de jouir soi-même à l'idée d'être admiré et désiré. Veillez toutefois à choisir une musique appropriée : douce mais suffisamment rythmée pour vous aider à bouger, à vous déhancher, à vous laisser porter... La musique adoucit les mœurs et excite les sens !

Les accessoires

Votre bouche et vos mains peuvent avoir besoin de repos, tout comme vous pouvez ressentir l'envie de sensations nouvelles. Qu'à cela ne tienne, vous avez à votre disposition un tas d'accessoires qui, du plus simple au plus sophistiqué, vous permettront de découvrir des plaisirs insoupçonnés.

Certains couples n'éprouvent aucunement le besoin d'avoir recours à ces stimulants un peu particuliers et parfois extravagants ; d'autres au contraire les considèrent comme des piments essentiels du jeu amoureux. Il n'y a rien là de répréhensible, l'essentiel étant que ces fantaisies soient désirées par les deux partenaires, animés d'une même curiosité pour la nouveauté sous toutes ses formes.

Bien des objets de notre environnement quotidien peuvent devenir de merveilleux accessoires capables de décupler le plaisir. Il suffit parfois d'un peu d'imagination pour détourner lesdits objets de leur usage initial.

A *pleine bouche*

Tièdes ou brûlantes, avides et gourmandes, vos lèvres parcourent le corps de l'autre pour le goûter, le déguster. Le corps tout entier ressemble alors à ce dessert si judicieusement nommé « mystère » : un mélange de caramel, de noisettes et de vanille dissimule un cœur de meringue fondante. Ainsi votre bouche, jamais rassasiée par ses baisers, se montre-t-elle irrésistiblement attirée par le cœur de l'autre, le plus précieux de son intimité et de son... mystère ! Ce sexe qui s'offre alors à votre bouche affamée et accepte de se faire dévorer, constitue sans nul doute l'une des plus belles preuves d'amour qui se puisse concevoir. Et l'un des sommets de la jouissance et de l'abandon.

Pipe, plume, pompier... appelez cette pratique comme bon vous semble, l'essentiel n'étant pas dans les mots mais dans l'acte lui-même, et dans ce qu'il représente.

« Quand je prends le sexe de Jacques dans ma bouche, j'ai l'impression qu'il s'abandonne sans retenue, qu'il se livre à moi et s'en remet à mon amour et à mon savoir-faire pour le conduire directement au paradis, dit Sabine. J'aime le cueillir "à froid" et saisir sa queue encore molle entre mes lèvres. Je lui lèche le gland et le mouille de ma salive comme pour en (re)découvrir le relief et en combler les creux. Pendant ce temps, je joue avec ses couilles, les fais délicatement rouler dans mes paumes, je les presse et glisse un doigt humide entre ses cuisses, en remontant lentement vers l'anus. Dans ce cas, il ne tarde jamais à bander et je sens bientôt sa verge qui durcit et cogne contre mon palais. Je le suce longuement, doucement, en tenant la base de son sexe entre mes doigts afin que ma main et ma bouche travaillent ensemble à lui donner du plaisir. Puis j'accélère, et parfois je le branle en le suçant, exactement comme un esquimau géant. Il gémit alors, et ses râles sont un

77

encouragement à continuer. Il passe sa main dans mes cheveux, sur ma nuque, dans mon dos, tandis que de l'autre il se caresse les tétons... J'aime qu'il jouisse dans ma bouche, et j'apprécie particulièrement la saveur de son sperme, douce et un peu âcre. Cette liqueur tiède que je sens couler dans ma gorge est un régal d'amour. Jacques parvient à l'orgasme, tandis que je connais une jouissance exceptionnelle, bonheur conjugué de l'avoir fait jouir et de me saouler de son corps. »

Aucun homme ne semble pouvoir résister au plaisir inégalable d'une belle et bonne fellation. Celle-ci provoque une explosion répandant mille sensations diverses : superficielles sur le gland et profondes dans la verge amoureusement emprisonnée par des lèvres douces et brûlantes.

Jacques avoue à son tour à quel point il est émouvant de voir Sabine à son « entière dévotion », désireuse de lui prouver comme elle l'aime « totalement et sans barrières ».

Mesdames, il n'est aucune raison que vous puissiez invoquer pour vous dérober à la fellation. Tout homme attend cette caresse suprême comme la marque physique extrême de votre amour et de votre désir. Sachez donc aimer ce sexe attendrissant qui se tend vers vous et réclame la chaleur de vos lèvres. Vous pouvez jouer à loisir avec lui, le temps qu'il se redresse, embrassant et caressant sans retenue ses bourses pleines : votre homme frémit immanquablement de plaisir. Commencez alors délicatement à le sucer, le gland d'abord, si sensible et si réceptif, puis la verge tout entière. Aspirez, léchez, relâchez quelques secondes puis recommencez de plus belle. Tenez toujours fermement la base du sexe dans votre main, afin d'augmenter la pression et d'accélérer les allées et venues de votre bouche. Ne craignez aucunement d'aspirer ce sexe qui vous réclame comme si vous alliez le dévorer. Certaines femmes se plaignent de ressentir des hauts le cœur lorsqu'elles se montrent trop gourmandes, mais ce léger inconvénient est parfaitement maîtrisable avec un peu d'habitude. Ne vous arrêtez pas en si bon chemin, et surtout ne laissez jamais votre compagnon au comble de l'excitation et du plaisir. Continuez, variez le rythme de vos mouvements, reprenez quelque peu votre souffle tout en léchant la hampe de la verge avec votre langue trempée de salive, puis reprenez bien en main et en bouche cette queue gonflée, soumise à votre bon vouloir et offerte à l'intensité de votre désir. Vous provoquerez infailliblement l'envie de jouir et, quand bien même auriez-vous quelque hésitation sur la question, les râles de l'homme qui prend du plaisir ne vous permettraient plus de douter. Une alternative s'offre alors à vous : soit vous ralentissez le tempo pour lui laisser le temps de vous pénétrer avant d'éjaculer, soit vous renforcez la pression et accélérez le rythme jusqu'à ce qu'il jouisse. Attention en ce cas : n'oubliez surtout pas de tendre votre visage ou vos seins afin de vous délecter de son enivrante substance et de ne pas provoquer, par un mouvement de retrait qui lui serait insupportable, le moindre désagrément dans ce « bouche-à-queue » paradisiaque.

« J'apprécie particulièrement que ma maîtresse me porte jusqu'au paroxysme du désir et de l'excitation entre sa bouche, puis qu'elle me libère pour me laisser exploser sur son visage que j'inonde de ma semence. Elle s'en barbouille alors avec délectation, et je lèche ses doigts puis ses lèvres et ses joues afin que nous goûtions au même breuvage », raconte Richard.

Il existe en effet de nombreuses variantes au moment de l'éjaculation. Vous pouvez par exemple laisser jouir votre compagnon hors de votre bouche, en tenant toujours bien la base de sa queue. Le sperme jaillit alors et vous l'étalez sur le ventre et le torse de votre amant abandonné, puis vous le léchez. Rien ne vous interdit bien sûr de vous en enduire le corps, et tout particulièrement les seins, afin que lui aussi puisse venir vous lécher... lorsqu'il aura quelque peu repris ses esprits que vous avez si bien su lui faire perdre !

Rappelez-vous enfin que la fellation présente le formidable avantage de pouvoir se pratiquer en tout lieu et dans les positions les plus variées. Allongés sur un lit ou un canapé, bien sûr, mais aussi l'homme assis et la femme à genoux entre ses jambes, ou lui debout, contre un mur... ou un arbre ! Après un premier bouche-à-bouche de reconnaissance, la femme descend lentement, en se frottant au corps, pour s'agenouiller enfin, bouche ouverte à hauteur de la braguette dont le renflement est une véritable supplique : « Délivre-moi ! », semble-t-elle dire. De grâce, mesdames, ne restez pas sourdes à l'appel du désir !

Le cunnilingus

Les puristes préfèrent parler de cunnilinctus, mais le commun des mortels désigne plus volontiers cette pratique sous le terme de broute-minou, de fouille-foufoune ou de bouche-à-bouche... A chacun de donner à ce moment magique le nom ou le surnom qui lui convient le mieux.

Au début d'une relation, il peut arriver que certaines femmes prudes éprouvent une sorte de gêne à révéler ainsi le plus secret de leur intimité à des yeux curieux et une langue fouineuse. Peut-être cela est-il dû au simple fait qu'elles-mêmes connaissent plutôt mal cette partie dissimulée de leur anatomie ? Dans ce cas, il est souhaitable de se reporter d'urgence au premier secret de ce livre, qui indique la marche à suivre pour découvrir la splendeur de cet écrin à bijoux. Mais, passé le premier moment de timidité et de pudeur, les femmes se montreront généralement friandes de cette exploration divine qui leur permet d'atteindre l'orgasme clitoridien.

Quant aux hommes qui rechigneraient encore à rendre les hommages qui sont dus à ces lèvres vibrantes, ils feraient preuve d'une curiosité bien pauvre et d'un amour à l'avenant. Ils se priveraient surtout du bonheur inouï de révéler une femme à elle-même.

« Je suis un inconditionnel du sexe de la femme, dit Jérôme. Il n'en existe pas deux pareils. Certains évoquent l'huître, d'autres l'abricot, d'autres encore la poire... Ma femme devient comme folle dès que ma tête s'approche de son entre-jambes. Elle écarte alors les cuisses pour me laisser admirer à loisir cette vision du paradis. » Que les sceptiques, s'il en reste, prennent donc exemple !

« Quand Thomas me lèche, je ne réponds plus de rien. Il vient se nicher dans ma toison comme pour respirer mon parfum puis, très doucement, écarte mes jambes pour bien me sentir. Il passe sa langue sur mes lèvres comme pour les décoller, et les écarte de ses doigts pour agrandir ma fente. Je sens alors mon clitoris mis à nu, gonflé, offert... Je ne bouge pas et me concentre sur les multiples sensations qui me parcourent. Thomas me lèche, m'embrasse, me mouille de sa salive ; je sens sa langue sur mes lèvres, sur ma fente, et bientôt sur le périnée, parfois à la lisière de mon anus. Ses doigts prennent le relais tandis qu'il souffle sur mon sexe humide de désir et d'excitation. Il m'aspire, me suce, et j'ai l'impression que je pourrais rester des heures ainsi à le laisser se promener sur mon sexe et à m'exciter. Plus ma chatte est humide, plus ma gorge est sèche. Mon souffle se fait court, je gémis, je tressaille, je frissonne. Il me palpe les fesses, me saisit par la taille, me titille les seins et les tétons. J'ai l'impression qu'il est partout à la fois. Je sens mon sexe brûlant, le clitoris de plus en plus dur et qui n'en peut plus entre ses lèvres qui le dévorent... Je voudrais que cela dure des heures, la vie entière, tant je me sens vivante et vibrante. Parfois, pour retarder la jouissance, je prends la tête de Thomas entre mes mains, comme pour lui faire signe de me laisser encore un peu de temps... Mais alors je jouis, et c'est une explosion en moi, qui part de mon bas-ventre et vient irradier tout mon corps, toutes mes cellules jusque dans mon cerveau. Je me sens secouée de spasmes, comme si ma jouissance ne devait plus s'arrêter, et je ruisselle de tout ce désir accumulé en moi. Il me boit... Je suis à lui... »

Le « broute-minou », art subtil et délicat, nécessite patience, douceur, inventivité et amour. Messieurs, vous pouvez échauffer le sexe désiré en frottant votre main et votre paume sur un slip, ou même un pantalon à travers lequel vous sentirez bientôt un chaude humidité. Puis, après l'avoir mis à nu, commencez votre exploration avec toute la délicatesse et la méticulosité dont vous êtes capable. Une fois les cuisses largement ouvertes et les lèvres écartées, le sexe de votre divine partenaire vous est enfin révélé ; n'hésitez pas alors à exprimer votre admiration et votre gratitude pour cet incomparable cadeau qu'elle vous offre. Avec des gestes, et aussi avec des mots.

Humez, respirez, enivrez-vous de son odeur intime, et très doucement du bout des doigts puis de la langue, dégustez ce mets savoureux. Jouez avec vos lèvres contre les siennes, passez votre langue, fouillez, découvrez, mouillez, soufflez, aspirez, doucement tout d'abord, puis en accélérant le mouvement et en renforçant la pression. Ne laissez pas vos mains inactives. Prenez la taille de votre partenaire et laissez-vous troubler par les frissons de plaisir qui la parcourent, pétrissez ses fesses en les écartant pour ouvrir son anus où vous pouvez oser introduire un doigt, pétrissez ses seins, jouez avec ses tétons afin de décupler son plaisir. Chaque partie de son corps est devenue réceptive à vos caresses empressées.

La belle tigresse ne pourra rester insensible au soin que vous prenez d'elle. Elle se cabre et se cambre, sursaute et tressaille, gémit et soupire, halète et crie... Ne vous arrêtez surtout pas et introduisez le bout de votre langue dans son vagin humide, puis aventurez-y un doigt humecté de votre salive ou de la sienne... Continuez en guettant ses réactions et, dès que vous sentez une baisse de plaisir, bougez, changez de rythme. Puis laissez-la jouir et venir. Gardez dans votre bouche ce sexe secoué de spasmes qui se répercutent dans tout son corps, et avalez le liquide qui jaillit alors du plus profond de la femme aimée et désirée.

La femme possède sur l'homme l'avantage de pouvoir « enchaîner » plusieurs orgasmes. Les plus insatiables ne demanderont par conséquent qu'à recommencer. Messieurs, vous savez ce qui vous reste à faire !

En tout cas, l'orgasme qu'elle vient d'atteindre grâce à votre langue experte ne l'empêche nullement de jouir encore en variant la manière. Sachez seulement la laisser récupérer et reprendre son souffle. Son clitoris aussi a besoin de repos : encore échauffé par vos coups de langue, tout nouveau frottement risquerait de provoquer des brûlures douloureuses... Patience! Profitez plutôt de ce moment béni où, abandonnée et heureuse, la femme de vos rêves se love au creux de vos bras tendres et protecteurs.

Le cunnilingus, comme la fellation, peut être pratiqué dans de nombreuses situations et dans diverses positions. «J'aime particulièrement que Gérard vienne me lécher quand je suis assise, dit Catherine. Il passe mes jambes sur les bras du fauteuil et je m'installe bien au bord, afin que mon sexe soit le plus ouvert possible. Cela m'excite de le voir ainsi à genoux, en position d'adoration face à mon doux minou.»

Dans un lit ou sur une meuble bas, sur une chaise ou debout, veillez toujours à avoir la possibilité de bien écarter jambes et lèvres, afin de mieux jouir et faire jouir.

Tête-bêche

Vous pouvez donc vous occuper l'un de l'autre, l'un après l'autre, mais pourquoi ne pas se lécher mutuellement? La position dite du 69 constitue sans nul doute l'un des trésors les plus fabuleux du corps à corps amoureux. Tête-bêche, bouche contre sexe, vous plongez ensemble au plein cœur de l'intimité de l'autre, vous vous offrez et vous prenez tout à la fois dans un même élan de désir, pour jouir enfin dans un soubresaut de plaisir partagé.

Délicieusement impudiques et merveilleusement érotiques, ces jeux de bouche sont la recherche d'une fusion parfaite de deux plaisirs simultanés. Les sexes de l'homme et de la femme sont découverts, respirés, humés, admirés, léchés, sucés, adorés, palpés, embrassés... jusqu'à l'embrasement final lorsque, dans une étonnante concordance, chacun jouit et se saoule en même temps de la jouissance de l'autre.

Pour réussir cette étreinte si particulière, vous serez bien sûr allongés l'un sur l'autre, femme au-dessous et homme au-dessus, ou l'inverse, les jambes bien écartées, le sexe juste à hauteur de la bouche de l'autre. Mais pour davantage de confort et une tendresse maximale, je ne saurais que trop vous recommander la position où, allongés tous deux sur le côté, la tête de l'autre repose sur l'une de vos cuisses douces et moelleuses.

Secret n° 5

Varier les postures

La nature faisant décidément bien les choses, je ne cesserai pour ma part de m'émerveiller du chef-d'œuvre que représentent les deux anatomies masculines et féminines, si bien conçues l'une pour l'autre. Fallait-il être ingénieux et coquin pour imaginer d'une part un sexe dressé, de l'autre un sexe encaissé ? Voilà donc comment et pourquoi, depuis des millénaires, hommes et femmes s'accouplent de façon quasi-instinctive et en retirent un plaisir qui ne devrait jamais faiblir. Cela s'appelle la copulation ou la pénétration, et constitue le point d'orgue de ce corps à corps que nous agrémentons de mille fioritures n'ayant d'autre but que de préparer à prendre ou recevoir l'autre.

Vous vous êtes livrés depuis quelques heures ou quelques minutes, selon votre empressement ou votre tempérament, à des préliminaires aussi sensuels qu'irrésistibles. Vous vous êtes menés l'un et l'autre au comble de l'exaspération des sens, jusqu'à ce point de non-retour où, avant le coup de grâce final, vous éprouvez le besoin irrépressible de vous posséder l'un l'autre. Quelles que soient l'urgence de votre désir et votre envie de l'assouvir, il n'est pas question de bâcler la pénétration et de vous chevaucher comme des sauvages (quoique la sauvagerie ait parfois du bon...) pour jouir en moins de temps qu'il ne faut pour l'écrire.

Comme il y a mille façons de s'aimer, il existe mille façons de se pénétrer. Et point n'est besoin d'apprendre par cœur le *Kâma-sûtra* pour varier les positions. Laissez faire votre intuition, laissez parler votre corps et sachez être attentif au bien-être et au désir de l'autre. L'imagination fera le reste... Mais, rappelons-le aux distraits ou aux égoïstes, l'amour se fait à deux et le plaisir ne vaut que s'il est partagé.

Le missionnaire

Classique et confortable pour l'un comme pour l'autre, cette position est souvent prisée par les femmes avides d'exprimer leur légendaire tendresse.

« J'aime que Patrick soit sur moi, dit Marie. J'aime sentir le poids de son corps, sa force. Je peux regarder son visage et y lire ce qu'il ressent lorsqu'il me pénètre. Je reste entièrement libre de mes mouvements, pouvant embrasser ou sucer ses tétons à loisir, caresser ses fesses, passer mes mains entre elles, glisser un doigt dans son anus, jouer avec ses couilles, lécher la sueur qui perle sur sa peau, respirer ses aisselles... Il me domine, mais je participe mieux que dans n'importe quelle autre position. Parfois, il est complètement allongé sur moi, ou il se redresse comme s'il voulait détendre l'étreinte. Je sens sa queue qui se retire et il la fait tourner à l'entrée de mon vagin, chaude, humide, impatiente puis, d'un coup de rein violent, il s'enfonce de nouveau en moi. Je voudrais alors qu'il me déchire et pénètre jusqu'au plus profond de moi. Je contracte les muscles de mon vagin comme pour le retenir, l'aspirer tout entier, le faire disparaître en moi. Quand il jouit, sa semence explose dans mon ventre, brûlante, et dans un dernier râle de plaisir, il s'échoue sur moi, de tout son poids. A ce moment-là, je le sens à moi et rien ne peut nous séparer. »

Honte à ceux qui considèrent le «missionnaire» ennuyeux et répétitif. Il permet au contraire l'étreinte parfaite, les baisers, les caresses et le contact permanent de vos ventres et de vos sexes. Vos toisons se mêlent et leur frottement provoque de divines sensations.

«Tant pis si ça fait macho, dit Jules, mais j'aime dominer Linda. Pour que je puisse la pénétrer mieux encore, elle replie ses longues jambes et commence par m'en enserrer la taille. Puis je lui soulève les fesses et elle pose ses jambes sur mes épaules. Je sens ainsi son sexe qui s'ouvre et se dilate davantage, et je peux aller et venir avec ma queue, je peux jouer avec, aller d'avant en arrière et de droite à gauche. Son bassin se soulève, bouge au même rythme que le mien, et ça me rend fou de voir à quel point elle aime ça et comme nous savons trouver la même cadence. Pour prolonger le plaisir, je me retire de temps en temps pour prendre ma queue dans mes mains et la promener sur ses lèvres trempées, sur son périnée et à l'orée de son anus. Elle gémit alors et me supplie de revenir, de la faire jouir... Sans trop me faire prier, je reviens donc, et c'est dans cette position que nous parvenons le mieux à venir ensemble. »

Il est vrai que les jambes repliées favorisent un meilleur écartement et un allongement du vagin, d'où une pénétration plus profonde qui réjouira les hommes les mieux montés et les femmes les plus dilatées.

Rien ne vous empêche de vous reposer quelque peu sans pour autant vous séparer. Allongez-vous alors l'un sur l'autre, les cuisses serrées, et bougez très doucement afin que la queue ne sorte pas du doux fourreau dans lequel elle a trouvé refuge. La pénétration n'atteint certes pas son maximum dans cette position, mais vos peaux soudées ne laissent pas passer le moindre courant d'air et leur frottement vous procure de délicieuses chatouilles. Profitez tous deux de cette pause pour vous embrasser sans retenue, pour passer la main dans ses cheveux, lécher son cou... Faites de cette étreinte un petit chef-d'œuvre d'érotique tendresse.

Vous pouvez également vous offrir quelques petites fantaisies au moment de l'éjaculation et choisir, messieurs, d'autres lieux pour vous soulager. Certaines femmes ne demandent que ça !

« Bernard me fait jouir puis, parvenu au bord de l'explosion, il se retire et inonde mon corps de son sperme, raconte Éliane. J'apprécie particulièrement cette sensation douce et chaude, ses jets de semence sur mon ventre. Ce spectacle me fascine et fait durer mon plaisir. Je passe alors les mains sur moi, étalant cette divine substance tout en me caressant, avant de lécher le reste sur mes doigts et d'en offrir un peu à Bernard, désormais complètement couché sur moi afin que nos deux corps soient enduits du fruit de nos plaisirs partagés. »

Yves, quant à lui, aime conjuguer le plaisir de la pénétration et celui de la fellation : « Lorsque Stéphanie a joui, je me retire et me place à cheval sur elle, à hauteur de sa bouche pour lui offrir ma queue qui n'en peut plus, profitant d'abord de cette position pour caresser ses seins avec mes couilles, ce qui est très excitant. Puis j'éjacule dans sa bouche et sur son visage tandis qu'elle me pétrit les bourses. C'est un orgasme particulièrement puissant qui se déclenche lorsque je passe ainsi de la chaleur de son sexe à celle de sa bouche. »

Le petit plus qui fait la différence : « Je ne pourrai jamais oublier le jour où Patrice a uriné en moi, se souvient Élisabeth. C'est une sensation inouïe. Tout à coup un liquide chaud s'est répandu en moi. J'avais l'impression que cela m'inondait totalement, gagnant et réchauffant chaque partie de mon corps, chacun de mes membres. Je ne savais même pas que c'était possible, et si l'on m'en avait parlé avant, j'aurais sûrement trouvé ça dégoûtant. »

Laissez de côté les préjugés puritains ! Uriner lors de la pénétration n'est certes pas chose facile, mais en tout cas n'est pas chose sale. Cette performance tout à fait troublante et terriblement excitante n'est pas réservée à la position du missionnaire ; toutefois, dans tous les cas de figure, il est préférable de demander l'avis et la permission de sa partenaire avant de lui révéler un plaisir qui peut la surprendre.

Il va sans dire que le missionnaire se pratique là où vous voulez. Dans votre lit, cela va de soi, mais aussi sur une table, comme pour un remake du célébrissime film *Le facteur sonne toujours deux fois*. La femme est allongée (ou assise si elle préfère), les fesses bien au bord, le sexe largement offert à hauteur de celui de l'homme, debout. Celui-ci se tient bien calé sur ses pieds, ce qui lui assure un parfait équilibre pour un jeu de reins et de bassin qui promet un plaisir décoiffant.

A cheval !

«Une femme qui chevauche un homme dévoile toujours sa nature intime et ses désirs profonds», prétend le *Kâma-sûtra*. Et il est naturel que, renonçant au classicisme trop rigoureux, la femme aime parfois prendre le dessus. Ce qui n'est pas fait pour déplaire aux hommes, loin de là !

«J'aime quand Arielle me chevauche, dit Jean-Claude. Je la sens ainsi sûre d'elle et de son désir, fière et triomphante, et il me plaît infiniment de me sentir soumis à son bon vouloir.»

«Je m'agenouille sur Christian, les cuisses bien ouvertes, mon sexe juste au-dessus de sa queue dressée et tendue par le plaisir qui ne demande qu'à s'exprimer, confie Sandrine. Je frotte doucement ma chatte sur son gland, d'abord sans les mains, ce qui titille très fort mon clitoris et m'excite, puis je saisis sa verge

98

et la branle contre ma fente. Je joue ainsi un moment avant de m'empaler sans retenue sur sa queue, comme si je voulais qu'elle me transperce. Il se cambre et gémit sous l'assaut, tandis que moi, exactement comme si je montais à cheval, je fais du trot, du trot levé, et parfois je galope puis m'arrête, me contentant d'onduler du bassin avec de petits mouvements circulaires. J'adore le dominer ainsi, observer ses grimaces de tendre douleur et ses sourires de plaisir. Je peux le caresser à loisir, alors que de son côté il me malaxe tendrement les seins avec ses mains. Et surtout, il m'encourage, me demande d'accélérer ou de ralentir, il me serre la taille avec force, me contemple et me murmure des mots fous et doux. A force de frotter, mon clitoris devient dur et brûlant. Souvent je jouis comme ça, violemment. »

Les incurables machos auraient bien tort, sous prétexte de se sentir humilés, de se priver du plaisir inouï qui consiste à se faire chevaucher par la femme de leurs désirs. Ils lui montrent ainsi qu'ils ne craignent pas d'inverser les rôles et acceptent l'égalité. Ils s'abandonnent à l'envie de leur partenaire. Enfin, et ce n'est pas le moindre des avantages de cette position, ils jouissent d'une vue imprenable sur la belle qui s'agite sur eux. Ils sont donc entièrement libres de l'admirer et la caresser autant qu'ils le désirent, et sont même instamment priés de le faire !

« Lorsque Catherine est sur moi, j'ai le sentiment qu'elle s'offre entièrement, dit Jean-Pierre. J'aime caresser ses seins et tendre le visage pour les embrasser et les mordiller, tandis qu'elle continue d'aller et venir pour augmenter notre désir. Je la caresse partout, je passe ses mains sur son visage, je lui donne mes doigts pour qu'elle les suce, les lèche, et lorsqu'ils sont bien mouillés, je descends entre ses seins, m'attarde sur son nombril et, très doucement, je commence à lui masser le clitoris. A entendre ses soupirs de plaisir, je devine aisément à quel point elle aime ça, et je continue jusqu'au paroxysme. Sa jouissance provoque des sursauts dans tout son corps, et je sens son vagin qui palpite et se resserre sur ma queue. Cette pression nouvelle me fait littéralement perdre la tête, et c'est généralement à cet instant même que je jouis, mon sperme se mêlant au liquide qui ruisselle de son sexe. »

Bienheureux ceux qui savent conjuguer les plaisirs ! Et profiter de cette position pour offrir à la femme un double orgasme : clitoridien pour commencer (renouvelable au gré des appétits de chacune!), puis vaginal. Voilà de quoi combler les plus exigeantes!

La femme peut également choisir de rester entièrement maîtresse de la situation. Comme Florence qui avoue: «J'éprouve une excitation sans pareille à m'offrir au regard attentif de mon mari excité. J'aime que dans cette position il reste plutôt passif. Mais attention, pas immobile! Il joue des reins, se soulève un peu pour me pénétrer encore plus profond, mais, pour le reste, c'est bien moi qui agis... même si c'est lui qui m'y invite. Il est allongé, la tête appuyée sur des oreillers afin de mieux profiter du spectacle, et il se laisse faire sans me quitter des yeux. Ensuite il saisit ma main et la pose sur mon sein pour m'encourager à me caresser toute seule. Je suis très excitée de me toucher de la sorte, tout en sentant sa queue qui s'agite en moi. Je me caresse sans fausse pudeur ni timidité aucune. Dans cette position, il est soumis à mon désir et je me soumets au sien. Je sais à quel point il aime que je me masturbe. Alors, sans cesser d'aller et venir sur son sexe, je me masse le clitoris, et mon bas-ventre m'enflamme. Cela me rend dingue de plaisir et je gémis pour

›

accompagner ma masturbation, je remue de plus en plus le bassin, ce qui accroît sa jouissance. J'aime m'arrêter juste avant de jouir, sa queue bien dure en moi, jusqu'à ce que nous explosions soudain ensemble. »

Cette position, connue depuis le Moyen Age sous le nom de « *mulier supra hominem* », permet de très intéressantes variations. La femme peut en effet choisir de tourner le dos à son partenaire, lui offrant ainsi le réjouissant spectacle de sa croupe en pleine action. L'homme avisé aura alors à cœur de masser les fesses de sa compagne, de glisser un doigt dans sa raie, de bas en haut et inversement, et enfin de tapoter doucement à l'entrée de son anus en vue de l'attendrir un peu en attendant une exploration plus profonde... Rien n'empêche non plus de lui saisir les seins et de les masser avec toute l'attention qu'ils méritent. Durant ce temps, la belle amazone veillera à s'occuper comme il se doit des bourses gonflées de son impétueuse monture.

Machine arrière !

Si la femme amoureuse du corps de son amant accepte de le délaisser quelques instants, les deux partenaires peuvent alors s'offrir une inoubliable partie de plaisir.

Et si certaines prétendent encore qu'elles ne supportent pas de ne pouvoir dispenser leurs incomparables caresses, c'est à n'en pas douter que leur compagnon ne sait pas s'y prendre ! Pourtant, il n'y a là rien de très compliqué...

La femme s'allonge à plat ventre, les jambes légèrement écartées, et l'homme se place au-dessus d'elle. Attentif et avisé, il lui caresse le dos, les fesses, la nuque, et admire la chute des reins. Il embrasse, lèche et masse très doucement, s'aidant de sa main, et il pénètre la femme désirée. Cette position offre un excellent angle de pénétration vaginale, laquelle sera plus profonde et aussi plus ferme que lors du missionnaire.

Dans le bestiaire érotique et amoureux, la levrette tient une place de choix. La femme accroupie offre, cela va de soi, sa croupe à son compagnon qui va honorer comme elles le méritent ses formes ensorcelantes autant que généreuses.

« J'aime me sentir chienne, explique Sophie. En appui sur mes avant-bras, les jambes un peu écartées, j'offre mon cul à William, à genoux derrière moi, et je sens ses poils qui chatouillent mes fesses. Quand il me pénètre, j'ai l'impression qu'il peut aller toujours plus profond à l'intérieur de moi, et sa grande queue s'enfonce beaucoup mieux que dans la position du missionnaire, comme si nos corps ainsi enchâssés formaient un angle extraordinaire. J'aime sentir ses coups de reins et ses couilles qui cognent entre mes jambes, je peux même les attraper et jouer avec, les malaxer, les presser, les faire rouler sous mes mains. Lui me caresse partout, les seins, les hanches, le ventre, le clitoris... surtout le clitoris. Ça décuple mon excitation et ma jouissance, je suis trempée, je remue les fesses pour varier les mouvements. J'aime aussi lorsqu'il se retire et pose sa queue humide entre mes fesses. C'est chaud, c'est bon, mais je remue encore pour qu'il revienne en moi, qu'il me défonce jusqu'à ce que nous jouissions ensemble. »

Pour récompenser la belle qui accepte de renoncer à vous caresser, messieurs, ne ménagez pas votre peine et prenez soin de tout son corps. Insistez particulièrement sur les seins, car, lorsqu'ils pendent ainsi, les tétons sont encore plus sensibles et plus réceptifs. Que vous les effleuriez, et la diablesse frissonne, se cabre et vous gratifie d'un coup de rein qui vous cale un peu plus profondément dans la moiteur de son vagin hospitalier.

Lorsqu'elle est à quatre pattes, insatiable, elle peut réclamer vos baisers et tourner la tête vers vous, bouche entrouverte, lèvres sèches demandant à être rafraîchies. Penchez-vous sur elle et embrassez-la. Certes, cela peut paraître un exercice digne des contortionnistes de cirque, mais le faire est bien moins compliqué que de l'écrire. Essayez, vous verrez !

Enfin, prenez soin du clitoris. La femme est idéalement placée pour le caresser elle-même, mais il est bon que l'homme se réserve le droit de le stimuler comme il se doit.

Après tant de soins, de poussées vigoureuses du bassin et de la queue, de caresses clitoridiennes, vous atteignez enfin l'orgasme qui, chez la femme, peut être multiple. Dans cette position, l'orgasme est pratiquement assuré !

Il peut arriver à tout le monde de se sentir un peu fatigué... sans qu'il soit pour autant question de renoncer aux fabuleuses sensations de la pénétration par l'arrière ! Si d'aventure l'un ou l'autre se sent moins en forme ou si, par extraordinaire, la femme hésite à se livrer à de telles exhibitions stupidement jugées « animales », vous pouvez vous allonger ensemble, sur le côté, ventre contre dos. En ce cas, je ne saurais trop vous conseiller, monsieur, de glisser un coussin sous les hanches de votre belle afin de les surélever et de faciliter la pénétration.

«J'adore prendre Cécile par l'arrière, avoue André. Pour moi, c'est une position idéale, surtout hors du lit. Une position d'urgence aussi. En fait, dès qu'elle se penche en avant pour attraper quelque chose, ça me donne des idées. Voir son vêtement se tendre sous ses fesses qui s'ouvrent, ça me rend dingue. Je m'approche et me plaque contre elle, je relève sa jupe et, sans même enlever sa culotte, tout juste en l'écartant, je la pénètre. Elle prend appui sur un meuble, ce qui lui permet de bouger son cul comme elle le veut au même rythme que ma queue.»

Inutile d'insister en vous préconisant de prendre exemple sur André et Cécile! Mais il est vrai que la pénétration vaginale par l'arrière permet de multiples fantaisies. Regardez bien autour de vous, je suis sûre qu'il y a une table, une commode ou un bureau qui ne demande qu'à servir d'appui à vos ébats.

Côte à côte

Impossible de sortir le grand jeu chaque fois! Il est des façons de se pénétrer moins spectaculaires que celles qui précèdent, mais qui sont susceptibles de procurer de délicieux frissons et des orgasmes d'une intensité inouïe.

Les femmes avides de tendresse et les hommes un peu essoufflés (ou l'inverse) apprécieront toute la douceur de ces positions que je qualifierais d'intermédiaires. Si elles ne favorisent pas une pénétration maximale, telle la position de la levrette, elles permettent les câlins, les caresses, les baisers et les étreintes langoureuses. Autant d'avantages qui vous feraient regretter de les éliminer avant même de les avoir essayées.

• *Les «petites cuillères»* ou les joies de la régression! Allongés tous deux en position fœtale, femme devant et homme derrière, les reins de la première lovés, encastrés dans le ventre du second... les sexes se touchent sans trop d'efforts! En passant sa main entre ses jambes, madame pourra attraper la queue de monsieur et jouer avec tandis qu'il lui embrassera la nuque et les épaules et caressera ses seins, son ventre, sa toison épaisse et soyeuse, son clitoris humide... Rien n'empêche le même monsieur de prendre son membre entre ses mains et de le faire jouer entre les fesses de sa partenaire qui ronronne, enroulée sur elle-même telle une chatte en mal de câlins... Autant de préludes à une pénétration délicate que vous pouvez faciliter grâce à un savant jeu de jambes : celle de la femme passe sur celle de l'homme, faisant béer encore plus largement une fente humide qui ne demande qu'à être (re)visitée. Notons pour les curieux insatiables que cette position, particulièrement recommandée lorsque la femme est enceinte, est également connue sous l'appellation « jouer au Lego ». En tout cas, elle figure bien la parfaite imbrication de vos deux corps qui bougent à l'unisson.

• *Les « ciseaux »* : apparemment, l'affaire se complique ! A croire que le manque d'amplitude des mouvements est inversement proportionnel à l'imagination qu'il faut déployer pour se reposer ! Madame va donc s'allonger sur le dos, jambes écartées, tandis que monsieur, allongé sur le côté, va glisser une jambe sous sa cuisse afin que son membre fouineur puisse la pénétrer avec douceur... et ardeur! Si vous n'avez pas bien compris cette description, passez tout de suite aux travaux pratiques, ils vous réservent de toute façon des surprises. D'abord, ce n'est pas si difficile qu'il y paraît, et ensuite, cela permet à la femme de jouir de tous les plaisirs que lui procurent les mains habiles de son compagnon : caresses et massages, du visage au clitoris en passant par le nombril et les tétons...

• *La « paresseuse » :* pourquoi faire compliqué quand on peut faire simple... et si agréable? Allongez-vous tous deux face à face, l'un contre l'autre. De la tête aux pieds, vos peaux se touchent et, si vous êtes d'une taille à peu près semblable, chacun retrouve sa chacune : vos bouches sont aimantées, vos tétons se titillent sans besoin d'y mettre les mains, vos ventres se caressent, et vos sexes, à la bonne hauteur, s'attendent, se tendent, se frottent et s'espèrent. Vous pouvez encore vous rapprocher en vous enlaçant l'un l'autre, profitant de l'aubaine pour caresser le dos, la cambrure des reins, la courbe des fesses... Le seul problème qui se pose alors est de savoir qui de vous deux ouvrira ses cuisses pour y accueillir l'autre et l'enserrer comme il se doit pour une pénétration qui, aussi paresseuse soit-elle, n'en est pas pour autant assortie de vertus érotiques et «orgasmiques» tout à fait satisfaisantes.

La sodomie

Partie délicate s'il en est, la sodomie occupe une place tout à fait particulière dans nos ébats amoureux. On prétend que les hommes la pratiqueraient volontiers tandis que nombre de femmes éprouvent à sa seule évocation davantage de frisson d'effroi que de volupté.

Christiane ne veut même pas en entendre parler : «Ça me dégoûte! J'aurais vraiment l'impression d'être un animal et de me faire souiller. On n'est pas des bêtes, tout de même!»

Eh bien! si, justement. Et si certains ont eu le bon goût de voir en l'être humain un «animal raisonnable», il n'en demeure pas moins un animal, et donc une bête. Et il n'est pas prouvé à ce jour que sodomiser ou se faire sodomiser constitue une preuve de déraison répertoriée par la faculté!

Des siècles d'éducation judéo-chrétienne nous ont enseigné que cette pratique est «sale»,

« honteuse » voire « contre nature » ; et il est parfois bien difficile de se débarrasser de cet héritage qui empoisonne notre conscient... et frustre notre volupté. Pourtant, la sodomie se révèle une pratique sexuelle susceptible de procurer une jouissance extrême, bien au-delà de l'excitation de « braver l'interdit ». Elle est une marque d'entente et de confiance au sein d'un couple qui se connaît et s'aime suffisamment pour oser s'aventurer, lors de rapports privilégiés, vers des contrées nouvelles et formidablement excitantes.

Chez l'homme comme chez la femme, l'anus est une zone érogène spécifique. Cette affirmation est facilement vérifiable : essayez donc de caresser l'anus de votre partenaire, une simple caresse, un effleurement, pas plus ; le tressaillement qui parcourt alors son corps et lui donne la chair de poule, le râle ou le soupir de plaisir qu'il laisse échapper ne fait aucun doute sur la nature des sensations qu'il éprouve. Les choses se corsent lorsque, enivrés par des étreintes sensuelles, excités par un désir qui n'en finit de croître et de se multiplier, les hommes (le plus souvent), emportés par leur élan, tentent une exploration plus radicale. Je ne saurais que trop les y encourager, en adoptant toutefois une position offrant le maximum de confort et d'ouverture : la femme allongée sur le ventre ou, mieux encore, accroupie.

Chez la femme

« La première fois que Julien a introduit son doigt dans mon anus, j'ai poussé un hurlement, mais rien à voir avec le plaisir. Cela m'a fait mal, j'avais l'impression qu'il me violait. Depuis, il a bien essayé de recommencer, mais chaque fois j'ai mal, et très vite il est obligé d'arrêter. Le souvenir de sa première tentative est encore si brûlant que je dois inconsciemment me contracter », avoue Évelyne.

Nous voici en plein cœur du malentendu. L'anus est une zone sensible entre toutes et son approche réclame des trésors de patience et de délicatesse. Il est constitué de nombreux muscles très fermement contractés qu'il est nécessaire d'apprivoiser afin de leur apprendre, en douceur et progressivement, le chemin du relâchement.

« J'aime particulièrement offrir mon cul à Éric. Je sais qu'il en est dingue, avoue sans complexe Éléonore. Il s'agit de tout un cérémonial : il commence par contempler ma "marguerite", comme il dit, et il exprime sa satisfaction par des mots explicites qui m'excitent. Il me parle de la douceur de mes petites raies, de mon joli plissé soleil, de la finesse de mon duvet, il me respire puis il lèche, à petits coups de langue très sensuels, concentrés sur l'orifice. Il embrasse, il souffle, puis me mouille de sa salive et sa langue se durcit, comme si elle cognait à ma porte close pour demander la permission d'entrer. J'adore la sensation procurée, tellement différente d'un broute-minou... Ensuite, il me tend son majeur pour que je le lèche et y dépose de ma salive, et quand celui-ci est trempé, il l'introduit dans mon anus. Sans violence. Très lentement. Par légères pressions. J'ai alors le sentiment que je m'ouvre telle une fleur et que son doigt peut s'enfoncer tout seul. Il progresse et me fouille, de plus en plus loin... Mais pour l'instant, je n'ai jamais voulu qu'il aille jusqu'au bout et me pénètre. Je crois que je redoute encore un peu d'avoir mal. Mais je compte bien y parvenir... C'est affaire de patience et de libération mentale. »

On ne saurait que trop conseiller à tous les hommes de prendre exemple sur Éric et de procéder avec la même douceur et... le même doigté ! Mais, du moins les premiers temps, la salive ne suffit pas toujours à humidifier de façon satisfaisante l'anus contracté. Aussi est-il fortement recommandé d'avoir recours à des lubrifiants, telle la vaseline, qui favorisent une approche plus délicate et surtout moins douloureuse. Mieux encore, vous trouverez en pharmacie des gels à l'eau qui lubrifient sans graisser.

Messieurs, prenez votre temps ! Assouplissez, attendrissez, caressez, léchez, osez un doigt (en veillant bien à avoir l'ongle ras et sans petites peaux sèches qui risqueraient d'irriter), fouillez, allez et venez, rentrez et sortez en restant à la lisière, puis enhardissez-vous, poussez plus avant, effectuez de petits mouvements circulaires, murmurez les mots les plus doux ou les plus fous... Votre compagne ondule de la croupe et vous laisse entrevoir son plaisir et son désir de poursuivre...

« Me faire enculer est l'une des choses que je préfère, confie Camille. Nous avons mis un certain temps, Claude et moi, à atteindre la perfection en ce domaine, mais ça valait vraiment le coup ! J'aime accueillir sa queue dans mon anus, même si je ressens toujours une légère appréhension... mais chaque fois, c'est le même plaisir. Je lui donne ce que j'ai de plus intime et que personne n'a jamais eu avant lui. Il me pénètre toujours très doucement et je peux suivre avec délice la progression de son sexe en moi. Même avec cette douceur, je ressens comme un ouragan qui me parcourt tout le corps. Il tient d'abord mes fesses à pleines mains, comme s'il voulait m'ouvrir au maximum, et il m'aide à bouger en rythme pour s'enfoncer de plus en plus loin. Nous n'avons plus besoin de lubrifiant car je suis désormais complètement détendue. Ses coups de queue s'accélèrent et la chaleur m'envahit, d'autant plus qu'il me caresse partout, les seins et surtout le clitoris, pour décupler mon plaisir. J'attrape ses bourses, je les malaxe, je perds la tête, j'ai tellement envie que ça continue et qu'il reste des heures en moi... La jouissance éprouvée lors de la sodomie est incomparable. J'aime particulièrement qu'il jouisse en même temps que moi pour bien sentir son sperme m'envahir au plus profond. »

Si l'orgasme que procure la sodomie chez la femme est si particulier, c'est que la paroi rectale est en rapport direct avec la face postérieure du vagin et, en haut, avec le col de l'utérus.

D'où une excitation des parties génitales alliée à l'excitation de l'anus. Indescriptible !

Chez l'homme

Les hommes, pourtant généralement enclins à sodomiser leur compagne, éprouvent une certaine réticence à se laisser fouiller l'anus. Il ne s'agit pas ici d'évoquer les rapports homosexuels, mais de parler d'une simple « pénétration digitale » d'une femme à un homme. Pourtant, peut-être est-ce justement cette réminiscence de l'homosexualité qui fait hésiter nombre de nos partenaires par ailleurs peu farouches.

Ils sont ainsi quelques-uns, comme Damien, à refuser catégoriquement la « chose ». « J'aurais l'impression que l'on cherche à m'humilier, à me faire perdre une partie de ma virilité, dit-il. Je suis amoureux fou de Charlotte et nos rapports sont souvent délirants, mais heureusement, elle n'a jamais montré la moindre envie de me faire subir pareil traitement. Je ne sais même pas comment je réagirais si elle osait s'aventurer par là. »

Certains éprouvent au contraire bien des satisfactions à tenter ce nouveau jeu. A condition toutefois, mesdames, que vous sachiez faire preuve de patience, de douceur, de respect et d'amour. D'où la nécessité de procéder comme vos compagnons, progressivement, avec finesse.

« Je n'aurais jamais pensé à faire un truc pareil, mais lorsque Serge m'a sodomisée, ça m'a donné des idées, avoue Sonia. Je me suis dit que puisque le toucher et la pénétration de mon anus me procuraient une telle jouissance, je ne voyais pas pourquoi Serge n'aurait pas droit au même plaisir. Parfois, au cours de nos étreintes, il m'était arrivé de lui caresser la raie des fesses, mais sans m'attarder sur son anus... La première fois que j'ai tenté une approche plus directe, il a semblé surpris, choqué. Il a repoussé mon doigt. Mais j'ai pris le temps de lui expliquer, je lui ai demandé de ne pas avoir peur : il n'y avait pas de honte à avoir, il fallait au moins essayer. »

« C'est une sensation merveilleuse, continue Serge. Une révélation, en quelque sorte ! Et dire que j'ai vécu trente-sept ans sans savoir que je possédais un tel potentiel de plaisir ! »

Tout comme chez la femme, l'exploration de l'anus masculin réclame un soin méticuleux et provoque un plaisir tout particulier, puisque la paroi rectale touche la zone de la prostate. Déjà excitée par toutes les caresses osées qui ont précédé, gonflée de sperme retenu, la sensible prostate ainsi mise à l'épreuve réserve bien des révélations à ceux qui considèrent encore l'anus comme une zone interdite. Quel que soit le savoir-faire des doigts mutins qui se promènent dans ce conduit mystérieux, il peut cependant arriver que l'exploration anale reste sans effet, ou soit même franchement désagréable... Sachez alors passer à autre chose, avec tact. Ce ne sont pas les idées qui manquent !

Secret n° 6

Atteindre l'extase

« Il n'y a tout de même pas que l'orgasme ! » protesteront certain(e)s.

On ne saurait certes limiter l'acte sexuel au seul orgasme. Pas plus que l'on ne saurait en faire un but en soi. La condition *sine qua non* du plaisir. Mais il ne faudrait pas non plus tomber dans l'excès inverse et le considérer comme accessoire et négligeable. Sinon comment expliquer que tant de gens se désespèrent de ne pas en avoir, ou au contraire d'en avoir de trop rapides ?

L'orgasme, à sa manière, est une sorte de petite révolution physique, chimique et émotionnelle, quelque chose de mystérieux qui mérite qu'on s'y attarde, d'autant que, comme chacun le sait, il est différent chez l'homme et chez la femme.

Chez l'homme

En matière d'orgasme, l'individu de sexe masculin est déterminé, pourrait-on dire, et, avec une pointe de cynisme sexiste, on résumerait sa sexualité à une formule simpliste : érection + éjaculation = orgasme, l'éjaculation pouvant être obtenue par masturbation, fellation ou pénétration.

Cette espèce de théorème orgasmique, pour satisfaisant et rassurant qu'il puisse paraître, possède cependant ses limites. En effet, l'éjaculation est suivie de ce qu'on nomme la « période réfractaire », durant laquelle toute nouvelle érection se révèle impossible. Le mâle se voit alors assailli par un sentiment de morosité provoqué par la satiété, la fameuse « petite mort » qu'il vient de connaître. Soulignons que cette période réfractaire est plus ou moins prononcée et prolongée selon les hommes. Et que chacun peut connaître des variations importantes selon les époques et les événements.

Cela dit, tous les orgasmes masculins ne sont pas semblables. Ils varient selon plusieurs paramètres : la force de propulsion, le volume de chaque jet, la durée des spasmes et leur nombre.

Ils sont donc de durée et d'intensité variables selon les individus et... les circonstances.

« Il est vrai qu'il n'est pas difficile de jouir, dit Frédéric, mais bien jouir est tout un art. Quand je me masturbe, je peux très vite atteindre l'orgasme, mais cela correspond presque à un besoin physique. C'est comme un soulagement. Je suis content, sastisfait, mais cela s'apparente à boire quand on a vraiment très soif. En revanche, avec une femme, cela n'a rien à voir. Avec certaines, je ressens à peu près la même chose qu'en me masturbant, alors qu'avec d'autres je découvre des sensations merveilleuses. C'est sûrement une histoire de sentiments ; la différence existant entre le coup qu'on tire un soir en passant, par envie, hasard ou désœuvrement, et la véritable relation qui s'établit entre deux êtres qui partagent beaucoup de choses... »

Pour un homme, tout l'art amoureux consiste par conséquent à contrôler ses sens, à laisser l'émotion prendre le relais de l'excitation, à maîtriser la mécanique autant que faire se peut, afin que l'orgasme ne vienne pas trop tôt mettre fin au désir.

Se retenir ? C'est parfaitement possible, à condition toutefois d'accepter que la bête s'efface quelque temps devant l'être sentimental, conscient que le plaisir charnel et égoïste ne vaut rien en regard de la tendresse et du désir partagés.

«J'ai longtemps été ce que l'on appelle un baiseur fou, raconte Henri. L'essentiel pour moi consistait à éjaculer au plus vite pour assouvir mon désir. Je n'avais pas de temps à perdre, la sexualité me semblait quelque chose de sain et de naturel, de nécessaire aussi, mais il n'y avait rien d'autre à en attendre et à en dire. J'ai bien changé depuis ma rencontre avec Agnès. C'est grâce à elle que j'ai pu enfin comprendre la pleine dimension de la relation sexuelle. Le vrai plaisir c'est de se découvrir, de prendre le temps de faire monter le désir, de le porter à son paroxysme et de reculer le plus possible le moment de l'éjaculation qui ne représente finalement que la fin de l'étreinte. J'apprécie les préliminaires, les caresses, les baisers, tout ce qui existe avant la pénétration. Après, cela devient plus difficile. Le corps reprend ses droits, impose sa loi. Alors, je vagabonde, je la pénètre puis me retire pour me calmer un peu, pour profiter encore de l'excitation qui ne cesse de monter en moi. J'essaie d'oublier la divine brûlure de ma queue pour me concentrer sur toutes les sensations que font naître les caresses, les baisers, les massages, les étreintes. »

L'homme possède en effet un « outil » merveilleux : sa verge, dont l'extrémité, le gland, offre la particularité d'être parcourue par tout un réseau nerveux qui intensifie le moindre frottement. Cette extrême sensibilité provoque un échauffement rapide qui conduit prestement à l'orgasme. Il est parfois bien difficile de l'oublier pour profiter au maximum de tout ce qui se passe ailleurs que dans cette queue dont la base, elle aussi, est soumise à une pression de plus en plus forte qui contribue à décupler le besoin de jouir.

Pourtant, l'homme possède des zones érogènes secondaires dont la sollicitation procure aussi des plaisirs dont il serait mal avisé de se priver. Les longs préliminaires décrits dans les chapitres précédents n'avaient d'ailleurs d'autre but que de réveiller ces parties du corps impatientes de participer à la fête et de temporiser les ardeurs d'une queue frétillante ! C'est dire si le rôle de la femme est important, puisque c'est elle qui va stimuler, révéler, exciter son compagnon et, l'air de rien, le distraire des exigences de sa verge.

Pour (vraiment) bien faire, il faudrait que les préliminaires ne s'achèvent pas avec la pénétration, mais qu'ils se prolongent avec elle. Entendez par là que l'homme ne doit pas se mettre systématiquement à besogner dès qu'il a introduit son membre viril dans la délicieuse fente de sa partenaire. Au contraire, il prendra soin (et s'il venait à l'oublier, la superbe créature qui est entre ses bras veillerait à le lui rappeler) de continuer à prodiguer baisers et caresses, de marquer des temps d'arrêt durant lesquels il optera pour une certaine immobilité du bassin, car c'est peu dire que le mouvement enrichit et renforce les sensations qui assaillent le phallus !

Chez la femme

Ah ! qu'il est mystérieux l'orgasme féminin... Les spécialistes en sont encore à émettre hypothèses et suppositions quant à son mécanisme. Et ils peuvent supposer longtemps puisque, seule certitude, de mécanisme il n'y a point ! Le chemin allant du frisson du désir au spasme de la jouissance ne passe pas par des circuits préétablis dès la naissance. N'allez cependant pas en conclure prématurément que les voies de l'orgasme sont impénétrables et que « ça » se passe uniquement dans la tête... même si la tête joue ici un rôle considérable !

Car c'est tout le corps dans son ensemble qui est à la fête. « Quand je fais l'amour avec Gilles, je comprends enfin le sens de l'expression "avoir quelqu'un dans la peau", dit Véronique. Il est partout en moi et je ressens chacun de ses attouchements. Il me semble que toute ma peau est en émoi, hypersensible, et la plus légère caresse suffit à me faire frissonner. Je peux même jouir sous ses caresses ou ses baisers. Lorsqu'il masse mon ventre et embrasse mes seins, par exemple, cela va au-delà du plaisir ! L'excitation est telle que je sens mon sexe trempé, mais ce n'est pourtant pas de là que vient la jouissance. Tout est concentré sur mes seins, mes tétons durcis... Il me mordille, me lèche, et je jouis sans qu'il ait besoin de me pénétrer. »

C'est un fait, le corps de la femme dans son ensemble est une zone érogène, et l'attouchement de chaque parcelle de sa peau déclenche un plaisir inouï. D'où l'importance des préliminaires qui augmentent l'excitation, laquelle métamorphose certains organes : les tétons sont en érection, l'aréole du sein gonfle, les muqueuses du vagin s'enflamment et s'humidifient en même temps, les muscles se gorgent de sang, provoquant une augmentation de la surface des lèvres et du clitoris.

Mais le désir, le plaisir et l'excitation ne sont pas à proprement parler l'orgasme, cette explosion soudaine qui entraîne un ruissellement des fluides, ainsi que des spasmes plus ou moins nombreux, plus ou moins prolongés.

La femme possède aussi l'immense avantage de pouvoir jouir de plusieurs orgasmes différents.

• *L'orgasme clitoridien*, le plus facile à atteindre, est celui que chacune peut éprouver en se masturbant, celui que déclenche un « broute-minou » mené avec toute l'adresse et l'amour nécessaires. Certaines femmes ne connaissent d'ailleurs pas d'autre orgasme. Ainsi Maryvonne qui s'en contente amplement : « Je n'ai jamais joui autrement que par l'excitation du clitoris, mais le plaisir que j'éprouve alors ne me frustre pas. Je me demande ce que je pourrais ressentir de plus divin que cette sensation de chaleur qui irradie tout mon être lorsque Paul me lèche. Même lorsqu'il me pénètre, c'est le frottement du clitoris contre son ventre qui me fait jouir. »

• *L'orgasme vaginal :* beaucoup affirment ne l'avoir jamais éprouvé. « Quand Georges me fait l'amour, quand sa queue me pénètre, je suis au comble de l'excitation, dit Louise. J'aime sentir son va-et-vient, ses ruades, ses coups vigoureux et appuyés, la chaleur de son sexe dans le mien, et enfin son sperme qui jaillit en moi et m'inonde. Mais ça ne me fait pas jouir. Je suis heureuse qu'il vienne en moi, mais je regrette un peu de ne pas arriver à m'abandonner totalement pour venir en même temps que lui. »

Pourtant, chaque femme peut connaître l'orgasme vaginal et/ou utérin. A condition que l'homme s'arme de patience, mette tout son savoir-faire au service de cette cause qui ne manque pas de noblesse. Le sexe de la femme a en effet besoin d'être rempli et « travaillé » par un membre viril et habile. Mais une bonne pénétration connaît des règles. Le partenaire au comble de l'excitation et du désir doit donc veiller à œuvrer avec adresse et porter toute son attention sur ses coups de reins. Sa verge turgescente va venir frapper au fond du vagin, avec fougue, avec force, afin que ses coups se répercutent dans tout le ventre de sa compagne. Tandis que ses bourses cogneront contre le périnée, son bassin caressera l'intérieur des cuisses, mettant ainsi à contribution toute la zone génitale.

Attention cependant à ne pas sombrer dans un mouvement violent et répétitif. Il faut savoir changer de rythme et éviter l'uniformité qui risque de tarir l'excitation. Après avoir apprécié cette intrusion enthousiaste, la femme peut se lasser et assister, impuissante et déçue, à l'extinction de son désir. Elle serait alors condamnée à attendre, avec plus ou moins d'impatience, que son partenaire enragé n'achève sa besogne en éjaculant. Joëlle en a fait l'expérience plus d'une fois : « Nos ébats commencent toujours très bien mais, dès qu'il me pénètre, Emmanuel perd la tête. J'ai l'impression qu'il n'en peut plus et qu'il veut à tout prix décharger le plus vite possible. Quand je sens son sexe se glisser dans mon vagin et marteler le fond de mon utérus, je suis aux anges, mais très vite mon excitation et mon désir retombent. J'assiste à quelque chose qui m'échappe complètement. Je me sens réduite au rôle de spectatrice alors que, jusque-là, j'étais actrice... »

Plus on approche de l'orgasme, plus il est nécessaire de varier le rythme. Sachez alterner, messieurs, des coups de queue frénétiques et des petits va-et-vient, avec une pénétration

moins profonde et péremptoire, mais susceptible de titiller comme il se doit toute la surface
du vagin qui, sur toute sa longueur, a besoin
de sentir le contact de votre gland gonflé.
L'orgasme de votre maîtresse est à ce prix!

Les femmes ont besoin de plus ou moins de
temps pour parvenir à l'orgasme. Il en est de
rapides qui, en quelques secondes, ruissèlent et
se soulèvent, emportées par son tourbillon.
Toutefois, les spécialistes affirment qu'en dessous de vingt minutes de pénétration en bonne
et due forme, il est impossible pour une femme
de jouir d'un orgasme vaginal. Quand on songe
que la durée moyenne d'un rapport est de six
minutes... on comprend mieux pourquoi tant
de créatures pourtant sexy et sensuelles attendent toujours la révélation! D'où l'adage bien
connu selon lequel il n'est pas de femme fri-
gide, mais seulement des hommes malhabiles.
Prendre son temps est pourtant la clé de
la réussite, pour les femmes comme pour les
hommes d'ailleurs, chacun ayant tout à gagner
à la multiplication du plaisir et à l'exacerbation
de l'excitation. L'orgasme n'en sera que meilleur!
 • *L'orgasme anal* est celui qui survient lors
d'une sodomie. Les femmes friandes de ce genre

d'étreintes le connaissent et l'apprécient particulièrement, sans quoi il y a fort à parier qu'elles seraient moins adeptes de cette pratique particulière. «Je ne jouis jamais quand Bertrand me pénètre "normalement", dit Inès. Mais quand il m'encule, c'est aussitôt étourdissant. Cela n'a rien à voir avec l'orgasme clitoridien, c'est tout à fait différent, comme si ça partait du rectum et se répercutait à la manière d'une onde de choc dans mon vagin, mon clitoris, mon ventre, mes seins et ma tête.»

Il est des femmes qui connaissent tous ces orgasmes, séparément ou simultanément (si l'amant sait s'y prendre... et la prendre!), et d'autres qui, selon les périodes de leur vie, atteignent l'un ou l'autre avec plus ou moins de bonheur et de facilité. Mais pour toutes les femmes quelles qu'elles soient, l'orgasme n'est pas une fin en soi. Contrairement aux hommes, elles peuvent jouir plusieurs fois, et cela sans besoin de période de repos. L'orgasme féminin est une ponctuation, une étape plus qu'un aboutissement; il en faudra d'ailleurs plusieurs à certaines pour éprouver le sentiment de satiété sexuelle.

« J'ai l'impression que je peux jouir sans m'arrêter, raconte Patricia. Quan Jean-François me lèche et me mange, je jouis très vite, et plutôt que de s'arrêter, il continue. Juste le temps de laisser mon corps se soulever sous les spasmes de mon plaisir et déjà sa langue reprend du service afin que je jouisse encore et encore, et encore... C'est le corps qui finit par demander grâce : mon sexe enflammé devient douloureux à force d'être léché, aspiré, embrassé, mordu, lapé. Alors je prends sa tête dans mes mains pour lui signifier d'arrêter et de passer à autre chose, sinon ni lui ni moi ne nous arrêterions. Il a toujours envie de boire jusqu'à tarissement de ma source. »

Simuler l'orgasme

Si la jouissance féminine demeure si mystérieuse, c'est en grande partie dû au fait que la femme peut simuler l'orgasme... Et bien peu d'hommes sont aptes à distinguer le faux du vrai ! Admettons à leur décharge que la supercherie n'est pas facile à démasquer. Rodolphe, très sûr de lui, affirme pourtant que nulle ne peut le tromper : « Je sais quand une femme jouit parce qu'alors son pouls s'accélère et que je ressens les contractions de son vagin. Quand elle simule, même si sa respiration est plus rapide, les contractions du vagin sont "forcées", conscientes et voulues ; elles n'ont pas la spontanéité et la force de celles provoquées par l'orgasme. »

Nombreux pourtant sont-ils à se laisser abuser : « Je ne connais pas d'orgasme autre que clitoridien, dit Clémence, mais Albert ne s'est jamais aperçu de rien. Depuis quatre ans que nous sommes ensemble, il affirme que je suis la femme la plus "orgasmique", comme il dit, qu'il ait connue. Je n'ai pas envie de le détromper car je ne perds pas espoir de jouir autrement. Et surtout, je simule sans simuler. Nos corps à corps me procurent des sensations merveilleuses et mon plaisir n'est jamais feint. Je me cambre, je soupire, je râle, j'halète parce que je suis excitée. Je ne me force jamais, et je ne sais d'ailleurs pas si un orgasme vaginal me comblerait davantage. En tout cas, je ne me vis pas comme une frustrée ! Loin de là ! »

Et c'est bien là que réside la véritable supériorité de la femme : dans cette possibilité de jouir de tout, de chaque caresse, de chaque étreinte, de chaque baiser. Sa jouissance va bien au-delà de l'orgasme, et elle aurait tort, sous prétexte de rentrer dans les normes, de bouder tous les divins plaisirs qui sont autant de privilèges.

La jouissance verbale

Si elles peuvent être muettes, les étreintes sont difficilement silencieuses. Ou, si tel est le cas, quelque chose ne va vraiment pas entre les deux partenaires. Le corps qui excelle a besoin de se faire entendre. Les râles, les souffles, les soupirs, les halètements sont autant de moyens de signifier son contentement. Et les mots parfois prennent le relais, pour dire le plaisir et renforcer ainsi l'excitation de l'autre.

Valérie se désole : « Lorsque je suce Denis, il n'exprime jamais sa satisfaction. J'ai l'impression de sucer un barreau de chaise. Au point que j'en arrive à douter de moi-même, de ma capacité à lui procurer du plaisir. Parfois, découragée par son mutisme, je m'arrête en plein milieu... Mais alors sa main se pose sur ma tête comme pour me prier de poursuivre. C'est le seul signe auquel j'ai droit ! Et il jouit en silence – à peine un soupir... C'est très frustrant. »

Il faut apprendre à se laisser aller, à ne rien retenir des manifestations de plaisir qui nous parcourent. Gémir, crier... en un mot s'exprimer : ce sont là des aveux de jouissance qui participent de la fête des sens que vous êtes en train de vivre et de savourer. Et qui rassureront votre partenaire quant aux effets immédiats de son amoureuse attention.

Il n'est pas de règles en ce domaine, et nombre d'entre nous se contentent amplement de borborygmes et d'onomatopées. Mais les mots parfois prennent le relais pour renforcer l'excitation et dire le plaisir. Je vous dispense du rédhibitoire : « Alors, t'aimes ça ? » et du calamiteux : « Alors, heureuse ? » Quelle insupportable façon de conclure sa performance ! En revanche, les petits mots doux, crus, voire franchement salaces, pimentent agréablement les ébats. De « Mon amour, ma vie » à « Ma petite chienne », puis à « Ma petite salope », « Prends-moi » ou « Déchire-moi », il n'y a qu'un pas ou deux que vous franchirez vite... Tout est bon à dire et peut se révéler excitant à l'oreille. A vous de composer votre sonate pour cris et chuchotements, selon votre sensibilité et celle de votre partenaire. Mais, en règle générale, évitez par pitié les interrogations inquiètes : le corps se charge lui-même d'y répondre. Apprenez à le lire.

Secret n° 7

Vivre ses fantasmes ?

Des fantasmes, nous en avons tous. Qu'il suffise de dire, sans se lancer dans un exposé psychanalytique, que le fantasme est une représentation imaginaire, un désir conscient influencé, bien entendu, par notre turbulent inconscient. Le phénomène est naturel mais nécessaire, puisqu'il nous permet de vivre en imagination ce que nous ne ferions ou n'oserions peut-être jamais faire dans la réalité – ce qui, dans certains cas, est préférable.

Un fantasme révèle une part cachée de soi-même ; inquiétant, dérangeant, il est souvent étrange, provocateur, immoral, très différent de ce que nous sommes dans notre vie quotidienne. Le fantasme est en rébellion contre l'ordre établi et la loi instaurée. C'est pourquoi il est parfois difficile de l'accepter. Mais c'est précisément la raison pour laquelle il nous fascine et requiert tous nos égards. Et c'est avec plaisir que nous échafaudons ces histoires qu'il nous plaît de nous raconter, en prenant toujours soin d'en améliorer le scénario à l'infini. Elles nous excitent, nous stimulent, et ont enfin le mérite, lorsque le besoin s'en fait sentir, de dissiper la routine.

Faut-il parler de ses fantasmes ?

Nos propres fantasmes nous surprennent et nous déroutent parfois au point qu'il nous semble inconcevable de pouvoir les dire à quiconque, par crainte de nous mettre à nu, de révéler notre part la plus intime, peut-être la plus inavouable. Nous redoutons le jugement et la condamnation de celui qui écoute.

Il faut beaucoup de tendresse, de confiance et de complicité pour oser confier ses fantasmes à autrui ou à son partenaire. Mais que serait l'amour sans le désir de partager les recoins les plus secrets de l'imaginaire érotique ? N'est-il pas formidablement excitant de rêver ensemble de choses et de situations pour le moins extra-ordinaires, dont on ignore si l'on sera un jour capable de les réaliser ?

Mais attention : comme l'affirme le vieil adage : « *Chi va piano va sano, e chi va sano, va lontano.* » Inutile, donc, de prendre le risque de choquer, peut-être même de blesser l'autre en étalant sans ménagement les lubies et les délires d'une imagination sans bride ! Allez-y progressive-ment. Et faites preuve de délicatesse. Plutôt que de déballer vos fantasmes au débotté, sans crier gare, préparez le terrain. Trouvez des moyens d'amener votre partenaire à vous rejoindre dans les méandres tortueux de votre imaginaire sans heurter sa sensibilité. Profitez par exemple d'un livre, d'un film ou d'une émission télévi-sée pour suggérer que les situations décrites ne sont pas pour vous déplaire, et que – pourquoi pas ? – vous en feriez volontiers l'expérience... N'oubliez surtout pas d'inclure votre partenaire dans votre jeu de rôles. Ne lui laissez pas pen-ser que vous fantasmez pour pallier ses carences ; au contraire, faites-lui comprendre qu'il (elle) vous fait assez d'effet pour vous ins-pirer les plus folles idées.

Faut-il réaliser ses fantasmes ?

Un fantasme cesse-t-il d'être un fantasme lorsqu'il est réalisé ? Difficile de répondre. Le fantasme partagé, s'il peut représenter un inoubliable moment de complicité et de plaisir, doit rester une exception ; à défaut, il perdrait son caractère exceptionnel et onirique pour sombrer dans le banal.

Rien ne vous interdit de « passer à l'acte », à condition de ne pas vous placer dans des situations dangereuses ou punies par la loi. Déviance et perversion ne sont peut-être pas loin.

Voici quelques témoignages d'hommes et de femmes qui ont osé vivre leurs « drôles de rêves ». Ils y ont trouvé une satisfaction unique. Leurs récits ne sauraient constituer un catalogue exhaustif de tous les fantasmes – qui sont innombrables –, mais ils présentent quelques-unes des situations les plus prisées. Lisez-les en vous gardant de tout jugement ; laissez parler votre curiosité. Vous y puiserez sans doute l'envie et le désir, et il y a fort à parier qu'ils sauront réveiller vos audaces.

Voir et être vu

Ce fantasme est en partie réalisé lorsqu'on se masturbe devant son partenaire et/ou qu'on le regarde faire de même. L'un ne va pas sans l'autre : voyeurisme et exhibitionnisme sont comme les deux faces d'une même médaille.

Exhibitionnisme, encore, lorsqu'on se plaît à faire l'amour dans des situations où l'on risque de se «faire prendre», si l'on peut dire – ainsi dans un ascenseur, une voiture, sous un porche, sur la plage, ou tout autre lieu public ou semi-public. Mais on peut également faire en sorte d'être vu et, par exemple, de payer quelqu'un pour regarder ses ébats.

«Nous étions à l'hôtel et j'avais très envie que l'on nous regarde faire l'amour, raconte Carole. Bruno était d'accord, mais nous ne savions pas trop comment nous y prendre. Finalement, un matin, alors que nous commencions à nous caresser et que le désir montait dangereuse-ment, je suis allée poser sur la poignée de la porte le panneau indiquant que la chambre était libérée, espérant ainsi faire venir la femme de ménage. Et lorsque celle-ci est effectivement entrée dans la chambre, elle nous a aperçus en pleine action ; elle eut d'abord un mouvement de recul, mais Bruno l'a priée de faire comme si nous n'étions pas là. Elle était visiblement gênée, mais nous avons insisté, sous prétexte que nous tenions à ce que la chambre soit propre. Elle a fini par accepter. Nous avons fait l'amour comme des fous, à la fois excités et craintifs, mais bien décidés à mener nos ébats à terme. Bruno m'a léchée longuement ; je jetais des coups d'œil pour vérifier que notre invitée surprise se délectait du spectacle. Je me caressais les seins et jouais de la langue sur mes lèvres entrouvertes, en gémissant. J'ai toujours aimé que l'on me regarde, que l'on m'admire. J'aime me comporter et m'habiller de façon assez provocante, essentiellement pour attirer le regard des hommes ; cette fois, pourtant, il ne me déplaisait pas d'être dévorée du regard par une femme. Et Bruno était très fier d'exhiber sa longue queue. »

L'amour à plusieurs

« C'est un truc dont je rêvais depuis longtemps, un de mes tout premiers fantasmes depuis que j'ai commencé à me masturber, très jeune, dit Benoît. Un soir où nous feuilletions *Le Nouvel*

Observateur, nous sommes tombés sur la page des petites annonces ; j'ai profité de l'occasion pour en parler à Liliane. Il était notamment question d'un couple qui en recherchait un autre pour « partager des moments privilégiés ». Je lui ai demandé si cela la tenterait d'essayer. Elle a rougi, a protesté que j'étais fou, mais, comme elle est très curieuse, elle a fini par reconnaître que l'idée l'excitait plutôt. Mais nous avons laissé passer un peu de temps avant de sauter le pas et de répondre à une annonce similaire.

« En nous rendant chez le couple que nous avions contacté, nous étions comme deux gamins, intimidés et inquiets, prêts à rebrousser chemin. Mais la curiosité l'a emporté. Tout s'est passé de façon très détendue, presque naturelle. Nous avons été reçus dans le salon, autour d'un verre, et nous avons commencé par échanger des propos anodins. Nos hôtes étaient assis côte-à-côte, et ils ont commencé à s'enlacer et à se caresser, comme si nous n'étions pas là. Liliane a d'abord paru très gênée, mais je lui ai tendu la main en l'invitant à venir me rejoindre sur mon fauteuil. Nous nous sommes embrassés ; ils nous regardaient et nous encourageaient, lui flattant Liliane, elle admirant mon savoir-faire.

« C'est lui qui s'est levé le premier. Il s'est approché de Liliane et, tandis que je continuais à l'embrasser, il s'est mis à la caresser et à la déshabiller, l'embrassant partout où je ne le faisais pas. J'avoue que j'ai failli tout arrêter, car je supportais mal qu'un autre homme puisse toucher ma femme, mais en même temps j'étais tellement excité que je n'ai pas bronché. Quant à Liliane, elle avait l'air plutôt heureuse d'être prise en main par deux hommes à la fois... Je les ai alors abandonnés à leur étreinte pour aller m'occuper de la femme qui, assise sur le canapé, se masturbait doucement en soupirant. Nous avons fait l'amour tous les quatre, par terre, sur la moquette ; ce fut un moment extraordinaire. Parfois l'un de nous s'arrêtait pour regarder ; tantôt les deux femmes étaient sur le même homme, tantôt lui et moi nous occupions de la même femme. Sans aucun attouchement homosexuel. C'était vraiment divin de multiplier les sensations, de découvrir de nouvelles peaux, de sentir d'autres parfums, tout en ayant à portée de main la peau aimée, le parfum connu entre tous. C'était rassurant ! Liliane et moi échangions des regards pour partager notre plaisir. Quand l'homme l'a pénétrée et l'a fait jouir, j'étais au bord de l'explosion ; à mon tour j'ai pénétré sa femme pour décharger en elle et la faire crier de plaisir. Nous n'avons jamais recommencé, mais nous en parlons souvent et, lorsque nous faisons l'amour, cela nous excite encore d'y repenser. »

Offrir son (sa) partenaire à un(e) autre

« J'ai toujours eu un petit côté voyeuse, confie Fanny. Je suis du genre à regarder par les trous de serrure pour mater tranquillement – ou presque, car ça me met dans un état incroyable. Ça me fait mouiller ! Mais de là à imaginer regarder mon amant en titre faire l'amour sans moi, devant moi... Je savais pourtant que cela faisait partie des choses dont il avait très envie : prendre une autre femme sous mes yeux et finir à trois.

« Avec ma copine de travail, nous parlions souvent de sexe, sans honte. Elle avait l'air plutôt portée sur la chose... Un jour, je l'ai présentée à Lionel. Il la trouvait sexy. C'est seulement alors que l'idée m'est venue : offrir ma copine à Lionel, comme ça, en cadeau. Quand j'ai osé lui en parler, elle a paru très étonnée : comment faisais-je pour ne pas être jalouse ? Jamais elle n'aurait accordé la même faveur à l'un de ses amants. Mais le principal était acquis : elle était d'accord. Ensemble, nous avons mis notre petite surprise au point, en secret.

« Un soir, j'ai annoncé à Lionel que, s'il était sage, il aurait un cadeau pour le dessert. Et, comme nous terminions de dîner, ma copine a sonné. Je me suis précipitée pour lui ouvrir et je l'ai amenée dans la pièce en précisant que mon cadeau... c'était elle. Lionel était interloqué, mais nous n'avons rien dit de plus. Elle s'est assise avec nous et nous avons ouvert une bouteille de champagne pour que s'évaporent nos inhibitions. Enfin j'ai fait un petit signe à ma copine, qui s'est approchée de Lionel pour l'embrasser très tendrement. Il était tellement gêné ! Mais je lui ai répété que c'était là mon cadeau. Alors il a compris et s'est laissé faire. Il a même participé avec enthousiasme, c'est le moins que l'on puisse dire ! Moi, le spectacle me rendait dingue ! Je me sentais frissonner de plaisir, mes seins durcissaient et j'étais trempée. Je n'avais pas envie de me mêler à leur étreinte, mais j'éprouvais une jouissance inouïe à me masturber en les regardant. En fait, j'avais l'impression que Lionel me faisait l'amour par procuration – c'est un sentiment formidablement aphrodisiaque. Sans cesser de me caresser, je lui disais à elle ce qu'elle devait faire pour lui plaire. Je la guidais. Je lui donnais des ordres. Je ne me sentais pas exclue : au contraire, c'est moi qui dirigeais tout. Toutefois, après avoir joui plusieurs fois toute seule, je n'ai pas pu m'empêcher de les rejoindre. J'avais besoin que Lionel me prenne, besoin de sentir son sexe brûlant en moi. Pendant un moment, nous l'avons caressé toutes les deux ensemble, elle le suçait et moi j'embrassais ses tétons, ses lèvres, son torse, ses aisselles. Je n'ai jamais vu Lionel dans cet état. Il gémissait, se cabrait et lui caressait les cheveux, tout en m'embrassant. Finalement, elle l'a enfourché tandis qu'il me léchait la chatte et nous avons joui tous les trois ensemble. Plus tard, nous avons recommencé, mais cette fois c'est lui qui m'a pénétrée tandis qu'elle nous regardait... C'est une expérience que je ne suis pas prête à faire tous les jours. Après tout, ce n'était pas sans risque... »

Maîtres et esclaves

On prétend volontiers que le fantasme de viol est le plus commun chez les femmes. Cela reste à vérifier. Ce qui est certain, en revanche, c'est que les rapports sado-masochistes attirent, fascinent et font rêver bon nombre d'entre nous, hommes ou femmes. Dominer l'autre, lui infliger quelques sévices mérités pour mauvaise conduite, ou au contraire jouir de se faire maltraiter, fouetter, brutaliser, humilier, voilà qui peut exciter.

« Fais-moi mal, Johnny, Johnny, Johnny, envoie-moi au ciel... », implorait Magali Noël dans la chanson de Boris Vian. Il est certes inutile de vous flageller jusqu'au sang ou de vous enchaîner comme des forcenés pour connaître les extases érotiques des premiers martyrs chrétiens. Un peu de mesure, que diable ! Il serait plus que dommage de devoir appeler le SAMU... ou de risquer l'emprisonnement pour coups et blessures volontaires.

« Le soir où Pierre a rapporté une cravache à la maison, je n'ai pas compris, raconte Élisabeth. Mais lorsqu'il l'a accrochée à la fenêtre, juste à côté de notre lit, j'ai commencé à entrevoir ses intentions. Plus tard, alors que je m'étais allongée sur lui, occupée à le caresser et à l'embrasser très tendrement, il a saisi la cravache et a commencé à me fouetter, d'abord assez doucement. J'étais surprise et un peu choquée. Pourtant, le sifflement de la cravache qui s'abat, le bruit sec sur mes fesses, la douleur comme un éclair, vive et brûlante, tout cela ne m'avait pas déplu. Lorsqu'il a recommencé, j'ai sursauté de nouveau, de surprise et de plaisir mêlés cette fois. A chaque coup, je me cabrais puis je retombais sur lui, et je sentais son sexe de plus en plus dur contre ma touffe toute humide. Au bout d'un moment, il s'est redressé, s'est assis et m'a installée sur ses genoux comme une enfant à laquelle on va administrer une fessée. Abandonnant la cravache, il s'est mis à me frapper de la paume, de plus en plus fort, en m'expliquant que j'étais une méchante petite salope qui méritait une correction. Moi, j'étais comme folle, j'en redemandais ; le contraste entre la brûlure, les picotements de ses fessées et la douceur de ses caresses était merveilleusement excitant. Mon sexe frottait contre ses cuisses et, d'une main, il me touchait les seins. Il exigeait que je lui demande pardon, mais, comme je voulais qu'il continue de me frapper, je refusais de lui obéir, criant de douleur et de plaisir à la fois. C'était une sensation tout à fait nouvelle. Il variait ses coups, avec la cravache ou la main, plus ou moins fort, plus ou moins vite. Entre deux châtiments, il me glissait la cravache entre les fesses, la frottait contre mes lèvres trempées... J'ai joui sous ses fessées.

« Depuis, j'aime qu'il me fouette encore, même si cela reste une exception, une fantaisie réservée aux soirs de grande frénésie où nous avons envie de jouer des heures durant pour attiser notre excitation. Il n'empêche que lorsque, en rentrant du travail, Pierre soulève ma jupe pour y donner une petite claque, ce seul geste m'excite... »

« Je n'aurais jamais pensé que je puisse éprouver autant de plaisir à être soumis, confesse pour sa part Denis. Cela ne faisait pas partie de mes fantasmes conscients. Une fois, j'avais attaché les poignets de Pascale, pour m'amuser, mais je ne m'attendais pas à ce qu'elle en fasse autant avec moi. Elle est même allée beaucoup plus loin... Elle m'a mis sur le dos, m'a attaché les mains au-dessus de la tête et m'a lié les pieds aux extrémités du lit, jambes écartées. Puis elle s'est placée au-dessus de moi, à califourchon, et a commencé à se masturber. Ce manège m'a rendu dingue, je gémissais, mais elle m'a prévenu que, si je continuais à me comporter comme un enfant, elle me bâillonnerait... Je mourais d'envie de la toucher, de l'embrasser, mais elle prenait soin que sa peau n'effleure jamais la mienne. Je bandais de plus en plus fort. Si je voulais avoir une chance d'être libéré, me disait-elle, je devais le mériter et me tenir correctement. Alors elle a pris sa ceinture et m'en a donné des coups sur le torse; c'était comme une décharge électrique, mais tellement aphrodisiaque! Elle allait et venait sur moi, et parfois s'arrêtait, les jambes écartées, sa fente juste au-dessus de mes lèvres. J'essayais de me soulever pour la lécher, mais aussitôt elle s'écartait et m'insultait d'une voix très douce; contre toute attente, cela me plaisait. Elle est restée un moment comme ça, sans me toucher, à se masturber, suffisamment pour mouiller mon ventre de la liqueur tiède qui coulait le long de ses cuisses. Elle prenait aussi des poses provocantes, m'offrait son cul et se caressait avec des râles de contentement de plus en plus profonds. Je n'avais jamais été excité de cette façon!

« Soudain, elle a disparu pour revenir quelques instants plus tard, munie d'un vibromasseur avec lequel elle s'est branlée, dans le vagin, puis dans l'anus, jouissant chaque fois. Et moi, j'avais le sexe presque douloureux d'être tendu! Enfin elle a consenti à venir s'empaler sur ma queue, et j'ai pu décharger tout le sperme que cette excitation incroyable avait accumulé en moi. Seul mon bassin n'était pas entravé, pourtant je crois que jamais je n'ai donné pareils coups de boutoir... »

La tentation homosexuelle

Chaque sexe comporte une fraction du sexe opposé. Il faut entendre par là que les hommes ont en eux une part féminine, et les femmes une part masculine. Il peut arriver que cette part secondaire prenne le dessus. Ne serait-ce qu'occasionnellement. C'est ainsi que bien des hétéros épanouis caressent des rêves homosexuels. Par curiosité. Certains y ont goûté. Écoutez-les.

« Au départ, c'est Fabrice qui rêvait de me voir faire l'amour avec une autre femme, rapporte Diana. Je pensais surtout que c'était un prétexte pour réaliser son fantasme d'être livré à deux femmes à la fois... Je me trompais, mais peu importe. Et en réalité, l'idée me chatouillait assez ; je suis bien forcée de reconnaître que la vue de deux femmes ensemble, dans certains films, a toujours eu sur moi un effet immédiat !

«Nous sommes donc passés par les petites annonces. Chaque fois, c'est Fabrice qui allait au rendez-vous ; il expliquait qu'il souhaitait me faire une surprise et, surtout, assister lui-même à la rencontre. Enfin, il a trouvé celle qui lui convenait, et l'a aussitôt conviée à la maison. J'étais très angoissée, mais aussi très excitée : ce projet, maintes fois discuté, m'avait donné très envie de me faire lécher le minou par une femme... et aussi de m'enfouir dans ses seins généreux – juste pour voir... Je n'ai pas été déçue ! Comme je l'avais imaginé, et espéré, elle était très douce et très sensuelle. Fabrice est resté spectateur ; il est très peu intervenu. Il lui a seulement demandé qu'elle commence par me caresser à travers mes vêtements, puis qu'elle me lèche, alors que j'étais encore à moitié habillée, les jambes écartées dans le fauteuil. Dès le premier contact, je me suis sentie comme engourdie, prise dans une étrange torpeur, prête à fondre de plaisir. Je me suis laissée faire, mais, très vite, j'ai eu envie d'intervenir. Alors je l'ai déshabillée pour me plonger en elle. C'était la première fois que je découvrais un corps de femme ainsi. Bien sûr, je me suis masturbée et caressée plus d'une fois, mais c'est autre chose

155

de pouvoir embrasser des seins et une chatte. En tout cas, cela m'a plu, et nous avons joui plusieurs fois, chacune notre tour, mais aussi ensemble, lors de 69 mémorables.

« Cette expérience n'a rien changé à ma vie. Ce sont les hommes qui continuent à m'attirer, et ce sont eux qui me séduisent. Jamais je ne regarde ni n'envisage une femme comme une partenaire possible. »

« Olivia m'a fait un cadeau exceptionnel que je ne suis pas près d'oublier, raconte de son côté Richard. Un soir, elle m'a prié de m'allonger sur le ventre et m'a ligoté les mains et les pieds. Je ne voyais rien de ce qu'elle faisait dans mon dos, mais soudain j'ai senti que quelqu'un me pénétrait par derrière... C'était elle ! Elle s'était équipée d'un de ces godemichés qui se fixent autour de la taille, un de ces « tabliers de boucher » qui permettent à une femme de se parer de l'attribut viril. Ça a été une surprise incroyable. Nous avions déjà parlé de mon fantasme homosexuel, mais je n'avais jamais imaginé qu'elle m'aime assez pour me combler de cette façon. J'ai éprouvé une jouissance fantastique, faite de plaisir pur et de reconnaissance pour Olivia, qui me donnait là l'une des plus belles preuves d'amour que j'ai jamais reçues. Quant à elle, son impression ne fut pas moins forte de se sentir dans la peau d'un homme, et de jouir ainsi du seul plaisir donné.

S'aimer, c'est se protéger

Ce n'est plus un secret pour personne. Si vous vivez en couple et que vous avez passé l'un et l'autre le test de dépistage, rien ne vous interdit de faire l'amour à découvert. Dans tous les autres cas – aventure d'un soir, coup de canif dans le contrat, début d'une relation... –, PRO-TÉ-GEZ-VOUS ! Inutile de râler ou d'invoquer de faux prétextes : le préservatif ne tue ni l'amour ni le plaisir. Il peut même servir d'accessoire amusant ou excitant : les fabricants déploient en effet des trésors d'imagination pour varier formes et couleurs. Bariolé, parfumé, muni de petites aspérités ou d'appendices divers, il ne demande qu'à vous procurer les plus insoupçonnables sensations.

Homme ou femme, ayez toujours sur vous non pas un, mais plusieurs préservatifs, que vous sortirez au moment propice. Ôtez-le de son enveloppe, délicatement pour ne pas le déchirer, placez-le à l'extrémité de la verge en érection et déroulez-le doucement, sans crever le fin latex avec les ongles. Bien sûr, jetez l'ustensile après usage. Si vous êtes d'un naturel insatiable, prenez un autre préservatif lors d'un nouveau rapport.

N'hésitez jamais ; ne vous posez pas même la question de savoir si, oui ou non, vous devez vous couvrir. Ce geste doit devenir un réflexe. La preuve irréfutable du respect que vous portez à votre partenaire et à vous-même.

Si vous menez une vie quelque peu dissolue, procédez au test de dépistage dès que vous avez un doute. Vous pourrez ainsi continuer à aimer en toute sécurité. Après tout, il n'y a pas de mal à se faire du bien !

Conclusion

Il devait être bien mal armé pour l'amour, le poète qui a cru pouvoir affirmer que la chair était triste. Et je gage qu'il n'avait pas vraiment lu *tous* les livres... ni épuisé les trésors innombrables des corps frottés, mêlés, fondus peau contre peau.

La chair est belle et joyeuse, au contraire, et le présent ouvrage n'a pour objectif que de le rappeler, pour réveiller vos plus fougueuses ardeurs et vous donner envie d'explorer les cinq ou six continents de cet univers qu'est la sexualité. Pour aiguiser vos appétits et pimenter un peu votre imaginaire érotique.

Vous pouvez maintenant refermer ce livre. Vous le reprendrez chaque fois que le besoin s'en fera sentir, que la routine menacera de vous engourdir, que vous sentirez votre désir s'émousser et le devoir – conjugal ou pas – prendre le pas sur le plaisir.

Et maintenant, pensez très fort à votre partenaire. Regardez-le, regardez-la avec des yeux nouveaux, des yeux aimants, des yeux dévorants de convoitise. Retrouvez en lui ou en elle l'être unique et si sensuel qui vous a un jour donné l'envie de vivre les moments les plus fous. Sachez redevenir celui ou celle qui a su le faire succomber.

Continuez l'un et l'autre de vous étonner, de vous séduire, de vous surprendre, de vous charmer et de vous conquérir. Ne soyez pas économe de vos efforts pour faire de chacune de vos étreintes un moment privilégié, susceptible de vous conduire ensemble vers des sommets de jouissance inconnus.

Vous pouvez faire l'amour aussi souvent que vous le souhaitez, car cette belle discipline ne connaît aucune contre-indication, et il n'est jamais deux étreintes semblables : chacune est unique, propre à susciter des sensations nouvelles, à réserver des surprises insoupçonnées, à vous propulser vers des septièmes ciels inattendus.

Un passage à vide, une panne, un coup de fatigue peuvent survenir : rien de plus naturel.

Plus grave, en revanche, est de considérer l'amour comme un devoir. Mieux vaut parfois s'abstenir plutôt que de jouer une triste comédie.

Enfin, n'oubliez jamais que la sexualité, quoi que l'on en dise, est l'un des plus solides ciments de l'amour. Sans satisfaction profonde, vous ne formerez plus qu'un couple boiteux et malheureux.

Avisée et pragmatique, ma grand-mère avait pour coutume d'affirmer que seule une bonne cuisinière doublée d'une amante experte est capable de retenir un homme. La maxime reste vraie, même si depuis, le vent de la révolution sexuelle a soufflé sur nos habitudes ; il convient donc d'ajouter que, de la même façon, seul un bon amant est susceptible de garder une femme. Quitte à lui préparer des plats surgelés.

Non, la chair n'est pas triste, d'autres poètes l'ont exaltée. J'en veux pour preuve ces vers, qui me reviennent en mémoire :

Le souvenir charnel de la personne aimée
Est plus fort et plus durable que tous les autres
souvenirs...

IMPRIMÉ EN FRANCE PAR BRODARD ET TAUPIN
10773 - La Flèche (Sarthe), le 24-12-2001.

pour le compte des
Nouvelles Éditions Marabout
D.L. 18670 - décembre 2001
ISBN : 2-501-02970-4